JN320527

ドイツ語スピーキング

三宅恭子　ミヒャエラ・コッホ

Hören und Sprechen

SANSHUSHA

トラック対応表

Track		ページ
1	あいさつ表現	12

Teil 1

Track		ページ
2	① Stufe 1	14
3	① Stufe 2	16
4	① 応用表現	16
5	② Stufe 1	20
6	② Stufe 2	22
7	② 応用表現	22
8	③ Stufe 1	26
9	③ Stufe 2	28
10	③ 応用表現	28

Teil 2

Track		ページ
11	① Stufe 1	36
12	① Stufe 2	38
13	① 応用表現	38
14	② Stufe 1	42
15	② Stufe 2	44
16	② 応用表現	44
17	③ Stufe 1	48
18	③ Stufe 2	50
19	③ 応用表現	50
20	④ Stufe 1	54
21	④ Stufe 2	56
22	④ 応用表現	56

Teil 3

Track		ページ
23	① Stufe 1	64
24	① Stufe 2	66
25	① 応用表現	66
26	② Stufe 1	70
27	② Stufe 2	72
28	② 応用表現	72

Teil 4

Track		ページ
29	① Stufe 1	80
30	① Stufe 2	82
31	① 応用表現	82
32	② Stufe 1	86
33	② Stufe 2	88
34	② 応用表現	88
35	③ Stufe 1	92
36	③ Stufe 2	94
37	③ 応用表現	94
38	④ Stufe 1	98
39	④ Stufe 2	100
40	④ 応用表現	100
41	⑤ Stufe 1	104
42	⑤ Stufe 2	106
43	⑤ 応用表現	106

Teil 5

Track		ページ
44	① Stufe 1	114
45	① Stufe 2	116
46	① 応用表現	116
47	② Stufe 1	120
48	② Stufe 2	122
49	② 応用表現	122

Teil 6

Track		ページ
50	① Stufe 1	130
51	① Stufe 2	130
52	① 応用表現	130
53	② Stufe 1	136
54	② Stufe 2	138
55	② 応用表現	138
56	③ Stufe 1	142
57	③ Stufe 2	142
58	③ 応用表現	144

Teil 7

Track		ページ
59	① Stufe 1	152
60	① Stufe 2	154
61	① 応用表現	154
62	② Stufe 1	158
63	② Stufe 2	160
64	② 応用表現	160
65	③ Stufe 1	164
66	③ Stufe 2	166
67	③ 応用表現	166

Teil 8

Track		ページ
68	① Stufe 1	174
69	① Stufe 2	176
70	① 応用表現	176
71	② Stufe 1	180
72	② Stufe 2	182
73	② 応用表現	182

はじめに

　旅先でドイツ語が通じたときの喜び!!　経験された方もたくさんいらっしゃるのではないでしょうか？「カフェでコーヒーを注文する」「ブティックで洋服を買う」「お店でおみやげを買う」「タクシーで行き先を説明する」。いろいろな場面で，ドイツ語を使ってみて，相手から返事が返ってきたとき，そして相手の言っていることが理解できたとき，本当にうれしいですよね。

　この本は，そんな喜びを味わうための「実践的なドイツ語」を習得することを目的とした参加型のドイツ語教材です。

　本書の会話は，ドイツ語圏を旅行する際に遭遇するであろうさまざまな場面で構成されています。会話の練習とその応用を通して，自然にドイツ語の能力が向上することを目指します。

　会話はどれも短いフレーズで構成されており，日常的にドイツ人が使っている表現ばかりですので，生きたドイツ語を学ぶことができます。たくさんのイラストを用いて，それぞれの場面をイメージしやすくし，臨場感を出しました。イラストを見ながら何度も繰り返しフレーズを発音して，日常的な感覚を身につけてください。

　もちろんCDはネイティブスピーカーによる吹き込みです。電車や車の中，あるいは寝る前にベッドの中で繰り返しCDを聴いてください。繰り返しCDを聴き，発音することにより，会話の流れが記憶され，必ずや会話力がつくことでしょう。

　練習はスピーキングが中心ですが，リスニング力もあわせて向上する仕組みになっています。相手の言っていることが聞けなければ，答えること＝話すことはできません。CDの会話に耳を傾け，何を言っているのかを「聴く」ことからはじめましょう。

　外国語を話したり，聴いたりする際，それぞれの状況・場面におけるスキーマ＝背景知識を身につけることが必要であると考えられています。背景知識を持っていることは外国語の理解を助けます。旅先での各場面で日常的に用いられるフレーズや表現をまとめて覚え，会話の流れをしっかりと理解できれば，会話力は確実にアップするはずです。

　あとは勇気を出すだけ。この本とほんのちょっぴりの勇気があれば，「ドイツ語で自分の言いたいことを伝えたい」「相手の言っていることを理解したい」，そんなあなたの思いは必ずや実現することでしょう。

　＜ドイツ語が通じる喜び＞を体いっぱい感じていただけることを祈っています。

著　者

INHALT

本書の構成と使い方　6
あいさつ表現　12

Teil 1　Flughafen　空港 ···································· 13

1　Einchecken　搭乗手続き ································ 14
2　Ankunft — An der Passkontrolle　入国審査 ············ 20
3　Verlorenes Gepäck　手荷物紛失 ······················· 26
文法 命令形　分離動詞 ················· 34

Teil 2　Hotel　ホテル ····································· 35

1　In der Information (Hotelsuche)　インフォメーションで（ホテルを探す）
　 ··· 36
2　Hotelreservierung (Am Telefon)　ホテルの予約（電話で）······ 42
3　Im Hotel einchecken　ホテルにチェックインする ··········· 48
4　Im Hotel auschecken　ホテルをチェックアウトする ········· 54
文法 助動詞 ······················· 61

Teil 3　Zug　列車 ··· 63

1　Auf dem Bahnhof　駅で ································ 64
2　Im Zug　列車の中で ·································· 70
文法 前置詞 ······················· 77

Teil 4　In der Stadt　街で (1) ······························ 79

1　In der Information　インフォメーションで ··············· 80
2　Auf der Post　郵便局で ······························· 86
3　Auf der Bank　銀行で ································· 92
4　An der Kasse der Oper　オペラのチケット売り場で ······· 98
5　In der Apotheke　薬局で ······························ 104

文法 指示代名詞　不定代名詞 …… 111

Teil 5　In der Stadt　街で (2) …… 113

1　Ein Taxi nehmen　タクシーに乗る …… 114
2　Nach dem Weg fragen　道を尋ねる …… 120
文法 定冠詞か不定冠詞か？ …… 128

Teil 6　Im Restaurant　レストランで …… 129

1　Bestellen　注文 …… 130
2　Bezahlen　支払い …… 136
3　Im Café　カフェで …… 142
文法 接続法第II式 …… 150

Teil 7　Einkaufen　買い物 …… 151

1　In der Bekleidungsabteilung　服売り場で …… 152
2　In der Taschenabteilung　かばん売り場で …… 158
3　Im Supermarkt　スーパーマーケットで …… 164
文法 形容詞 …… 171

Teil 8　Leute treffen　人と会う …… 173

1　Ein Besuch　訪問 …… 174
2　Persönliche Angaben　自身について話す …… 180
文法 過去形　現在完了形 …… 188

付録 …… 189
数詞　年号　時刻　序数　月　曜日　季節　身体の部位
形容詞・副詞

本書の構成と使い方

本書は8つの章に分かれています。ドイツを旅行する際に遭遇する様々な場面をテーマにして構成されており，各章はさらに2～5の場面に分かれています。

Teil 1　Flughafen　空港
Teil 2　Hotel　ホテル
Teil 3　Zug　列車
Teil 4　In der Stadt　街で (1)
Teil 5　In der Stadt　街で (2)
Teil 6　Im Restaurant　レストランで

> Bestellen　注文
> Bezahlen　支払い
> Im Café　カフェで

Teil 7　Einkaufen　買い物
Teil 8　Leute treffen　人と会う

各場面の会話は使用頻度の高いフレーズや文で構成してあります。全場面の会話はイラスト表示されており，イラストを見ることにより，情景をイメージしながら学習できるよう工夫しました。一場面は6ページの見開き構成で，STUFE 1，STUFE 2，訳＆情報コーナーの3つの部分から成っています。

STUFE 1にはイラストと全テキストが記載されています。テキストを見ながら会話の流れを理解するとともに，CDを繰り返し聴き，シャドーイングを行うことにより，スピーキングの練習もできるようになっています。特に重要なフレーズや文は「キーセンテンス」のコーナーを見ながら重点的に学習できるようにしました。内容の確認がしたい場合は，各場面の5ページ目にある日本語訳を見てください。

シャドーイングとは？

シャドーイングとは，聴こえてくる音声をほぼ同時に口頭で繰り返す練習法です。シャドーイング（shadowing）とは，影＝shadowのように音声を追いかけるという意味です。

聴こえてくる音声をそっくりそのまま真似をするよう心がけましょう。そっくりそのまま真似をすることによって，ネイティブの音声のリズムやイントネーション，区切りやポーズの置き方も学習します。だいたい0.5秒くらいあとを追う感じで行ってください。

まずは文章を見ながらシャドーイングを行います。言いにくい部分やつっかえてしまう部分は繰り返し練習し，CDと同じスピードで音読できるようにしましょう。次に文章を見ないでシャドーイングを行います。CDの音声を完璧にシャドーイングできるようになるまで何度も繰り返し練習しましょう。

STUFE 2はSTUFE 1と全く同じ場面・会話・イラストですが，主人公あるいはその友人たちの台詞が空欄になっています。CDの方も主人公や友人たちの台詞はポーズになっているので，役になりきって，実際の旅の場面をイメージしながらスピーキングの練習をしてみましょう。机の前だけでなく，車や電車の中でもCDを聴いて，繰り返し練習をしてください。

　テキストで使用した表現以外にも各場面で使用されることが多いフレーズや文については「応用表現」のコーナーにまとめてあります。CDのポーズの部分を応用表現のフレーズを用いたり，自分の表現で言ってみれば，さらにスピーキング力の強化につながります。

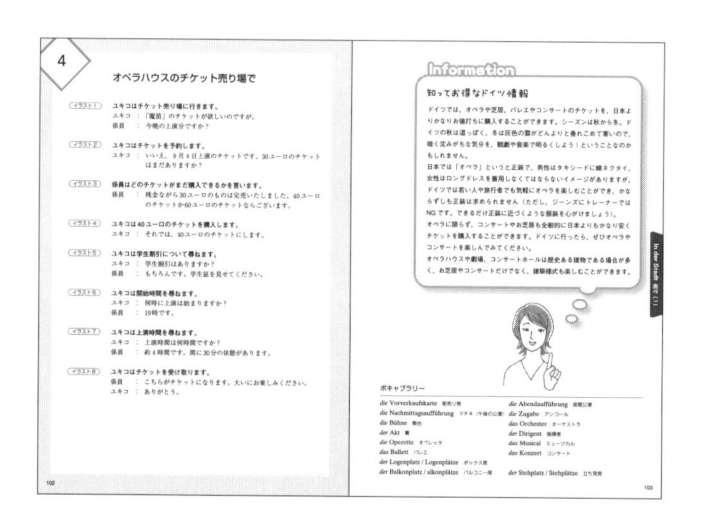

STUFE 1 の訳を掲載しています。確認用に利用してください。

また，各場面の背景知識として役立つ情報が Information（知ってお得なドイツ情報）にまとめてあります。ドイツの文化や習慣に関する豆知識は，背景知識として会話の理解につながります。

テキスト以外の単語で，各場面に必要な単語は「ボキャブラリー」としてまとめてあります。語彙力を広げて，その語彙を用いて STUFE 2 の応用練習をしてもいいでしょう。

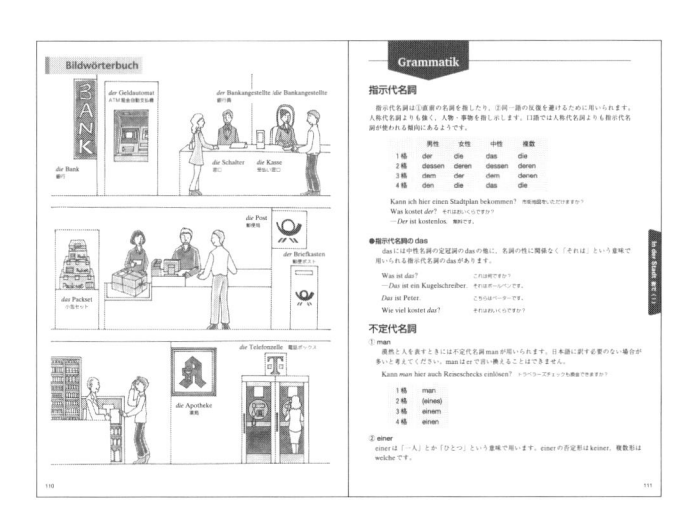

各章の終わりには特に重要であると思われる単語を Bildwörterbuch（イラスト辞書）としてイラスト表示しました。文字によってのみ単語を学習するよりも絵と文字の両方で単語を学習したほうが記憶成績はよくなるという研究結果があります。イラストを楽しみながら，語彙力の強化に役立ててください。

Bildwörterbuch の次のページには，その章で学習した文法事項が Grammatik としてわかりやすくまとめてあります。丸暗記も時には大切ですが，必要に応じて各場面で使われている文法を再確認すると，会話の流れの理解が深まり，よりスムーズにスピーキングができるようになります。

CD にはネイティブスピーカーが吹き込みを行いました。発音やイントネーションをできるだけ忠実に再現できるようになるまで練習をしてください。

使い方例

STUFE 1

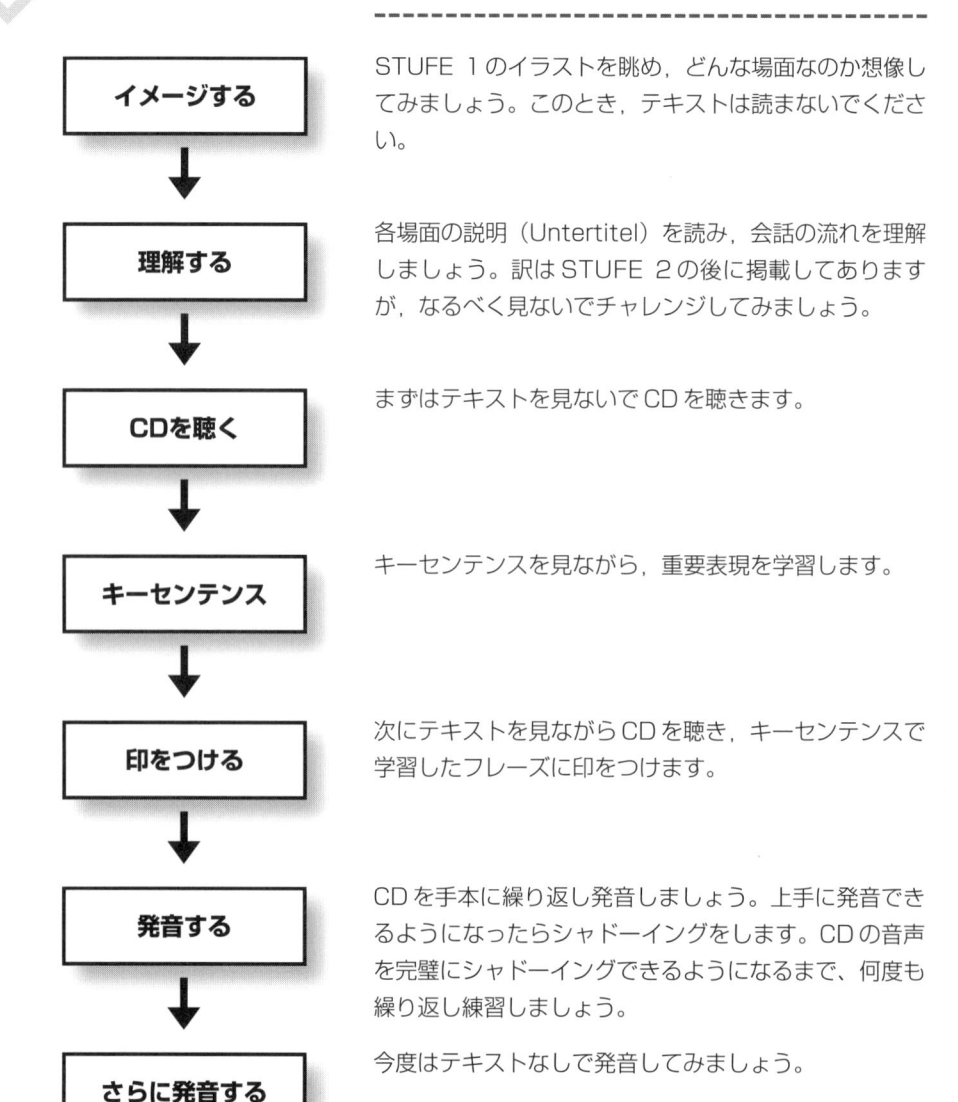

イメージする
STUFE 1のイラストを眺め，どんな場面なのか想像してみましょう。このとき，テキストは読まないでください。

理解する
各場面の説明（Untertitel）を読み，会話の流れを理解しましょう。訳はSTUFE 2の後に掲載してありますが，なるべく見ないでチャレンジしてみましょう。

CDを聴く
まずはテキストを見ないでCDを聴きます。

キーセンテンス
キーセンテンスを見ながら，重要表現を学習します。

印をつける
次にテキストを見ながらCDを聴き，キーセンテンスで学習したフレーズに印をつけます。

発音する
CDを手本に繰り返し発音しましょう。上手に発音できるようになったらシャドーイングをします。CDの音声を完璧にシャドーイングできるようになるまで、何度も繰り返し練習しましょう。

さらに発音する
今度はテキストなしで発音してみましょう。

STUFE 2

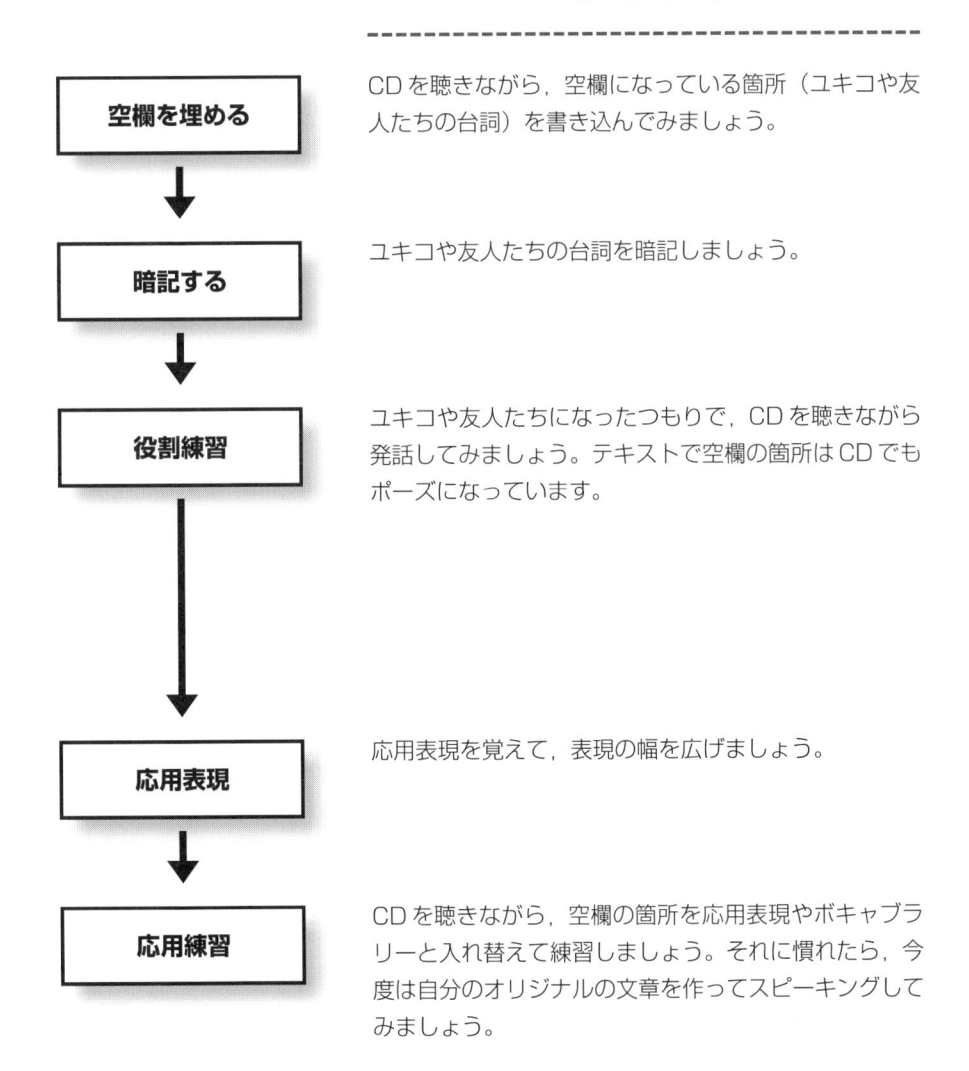

空欄を埋める	CDを聴きながら，空欄になっている箇所（ユキコや友人たちの台詞）を書き込んでみましょう。
↓	
暗記する	ユキコや友人たちの台詞を暗記しましょう。
↓	
役割練習	ユキコや友人たちになったつもりで，CDを聴きながら発話してみましょう。テキストで空欄の箇所はCDでもポーズになっています。
↓	
応用表現	応用表現を覚えて，表現の幅を広げましょう。
↓	
応用練習	CDを聴きながら，空欄の箇所を応用表現やボキャブラリーと入れ替えて練習しましょう。それに慣れたら，今度は自分のオリジナルの文章を作ってスピーキングしてみましょう。

あいさつ表現　(TRACK 1)

まずはウォーミングアップです。あいさつなどの基本表現を発音してみましょう。

Guten Morgen!
おはよう。

Guten Tag!
こんにちは。

Guten Abend!
こんばんは。

Gute Nacht!
おやすみ。

（南ドイツやオーストリアでは時間に関係なくあいさつには Grüß Gott! を使います）

Auf Wiedersehen!
さようなら。

Tschüs!
バイバイ。

Danke schön!
ありがとう。

Bitte schön!
どういたしまして。

Bitte schön!
さあ，どうぞ。

Entschuldigung!
すみません。

Macht nichts!
かまいませんよ。

Entschuldigung!
ちょっと，すみません。

Wie geht es Ihnen?　　ごきげんいかがですか？（親しい間柄では Wie geht's?）
Danke, gut. Und Ihnen?　ありがとう，元気です。あなたはいかがですか？
　　　　　　　　　　　　　　　　（親しい間柄では Und dir?）

Auch gut, danke!　　　私も元気です。
その他の答え方：Sehr gut.　とても元気です。
　　　　　　　Es geht.　まあまあです。
　　　　　　　Nicht so gut.　よくありません。

Teil 1

TRACK 2-10

Flughafen　　　　　　　　　　　空港

---

1 **Einchecken**　　　　　　　　搭乗手続き

2 **Ankunft – An der Passkontrolle**　　入国審査

3 **Verlorenes Gepäck**　　　　手荷物紛失

1 Einchecken …… 搭乗手続き　　TRACK 2

STUFE 1 搭乗手続きのシーンです。まずはCDを聴いてみましょう。

> Guten Morgen. Kann ich bitte Ihren Reisepass und Ihr Flugticket sehen?

> Hier, bitte.

> Und hier ist meine Flugmeilen-Karte. Schreiben Sie mir bitte die Meilen gut.

> Natürlich.

Yukiko geht zum Check-In-Counter.

Yukiko zeigt ihre Flugmeilen-Karte.

> Haben Sie Gepäckstücke?

> Ja, einen Koffer.

> Stellen Sie den Koffer bitte auf die Waage.

> Ich habe noch einen Anschlussflug nach Nagoya. Bitte checken Sie den Koffer gleich bis Nagoya durch.

Yukiko gibt ihr Gepäck auf.

Yukiko bittet das Gepäck zum Zielflughafen durchzuchecken.

重要表現を覚えましょう。

🔑 キーセンテンス

● **Kann ich bitte Ihren Reisepass und Ihr Flugticket sehen?**
パスポートと航空券を拝見できますか？

◇ **Schreiben Sie mir bitte die Meilen gut.**
マイレージをつけてください。

● **Haben Sie Gepäckstücke?**
（お預けになる）お荷物はございますか？

◇ **Ich habe einen Anschlussflug nach *Nagoya*.**
私は名古屋へ乗り継ぎます。

◇ **Bitte checken Sie den Koffer gleich bis *Nagoya* durch.**
荷物が名古屋に届くよう確認してください。

Wo möchten Sie sitzen? Am Gang oder am Fenster?

Am Fenster, bitte.

Yukiko wählt einen Sitzplatz.

Wann beginnt das Boarding?

Um 11.15 Uhr. Hier ist Ihre Boardkarte.

Yukiko erhält ihre Boardkarte und fragt nach der Boardingzeit.

Von welchem Gate startet die Maschine?

Von Gate 5. Gehen Sie bitte durch die Sicherheitskontrolle auf der linken Seite.

Vielen Dank.

Yukiko fragt nach dem Abfluggate.

- Wo möchten Sie sitzen?
  お座席はどちらがよろしいですか？
- Am Gang oder am Fenster?
  通路側がよろしいですか？ それとも窓側がよろしいですか？
◇ Wann beginnt das Boarding?
  搭乗開始は何時ですか？
◇ Von welchem Gate startet die Maschine?
  何番ゲートから出発ですか？
- (Das Boarding beginnt) um *11.15* Uhr.
  (搭乗開始は) 11時15分です。
- (Der Flug geht) von Gate *5*.
  搭乗ゲートは5番です。

Teil 1 — TRACK 2

Flughafen 空港

1 Einchecken

TRACK 3

STUFE 2 今度はユキコになって，搭乗手続きをしてみましょう。

Guten Morgen. Kann ich bitte Ihren Reisepass und Ihr Flugticket sehen?

Natürlich.

Yukiko geht zum Check-In-Counter.

Yukiko zeigt ihre Flugmeilen-Karte.

Haben Sie Gepäckstücke?

Stellen Sie den Koffer bitte auf die Waage.

Yukiko gibt ihr Gepäck auf.

Yukiko bittet das Gepäck zum Zielflughafen durchzuchecken.

チェックインカウンターで役立つ表現を覚えましょう。

応用表現

TRACK 4

◇ Ich habe *ein Kindermenü / ein vegetarisches Menü* bestellt.
キッズメニュー / ベジタリアンメニューを予約してあります。

● Der Abflug verspätet sich um *30* Minuten.
出発は30分遅れています。

● Das Gepäck ist zu schwer. Sie dürfen nur bis 20 kg mitnehmen.
荷物は重量超過です。制限重量は20kgです。

◇ Wo ist *die Gepäckkontrolle*?
手荷物検査はどこにありますか？

Teil 1 **1** TRACK 3

Wo möchten Sie sitzen? Am Gang oder am Fenster?

Um 11.15 Uhr. Hier ist Ihre Boardkarte.

Flughafen 空港

Yukiko wählt einen Sitzplatz.

Yukiko erhält ihre Boardkarte und fragt nach der Boardingzeit.

Von Gate 5. Gehen Sie bitte durch die Sicherheitskontrolle auf der linken Seite.

Yukiko fragt nach dem Abfluggate.

◇ Ich möchte gern neben *meinem Mann / meiner Frau* sitzen.
夫 / 妻の隣の席がいいのですが。

1 搭乗手続き

(イラスト1) **ユキコはチェックインカウンターに行きます。**
空港グランドスタッフ ： おはようございます。
　　　　　　　　　　　　パスポートと航空券を拝見できますか？
ユキコ　　　　　　　： はい，どうぞ。

(イラスト2) **ユキコはマイレージカードを見せます。**
ユキコ　　　　　　　： これが私のマイレージカードです。
　　　　　　　　　　　マイレージをつけてください。
空港グランドスタッフ ： かしこまりました。

(イラスト3) **ユキコはトランクを預けます。**
空港グランドスタッフ ： お預けになるお荷物はございますか？
ユキコ　　　　　　　： ええ，トランクが1つあります。
空港グランドスタッフ ： トランクをこちらに載せてください。

(イラスト4) **ユキコは荷物が最終目的地まで届くよう確認します。**
ユキコ　　　　　　　： 私は名古屋まで乗り継ぎます。
　　　　　　　　　　　トランクが名古屋まで行くよう，確認をお願いします。

(イラスト5) **ユキコは座席を選びます。**
空港グランドスタッフ ： お座席は通路側と窓側のどちらがよろしいですか？
ユキコ　　　　　　　： 窓側をお願いします。

(イラスト6) **ユキコは搭乗券を受け取り，搭乗開始時刻を尋ねます。**
ユキコ　　　　　　　： 搭乗開始は何時ですか？
空港グランドスタッフ ： 11時15分です。こちらが搭乗券になります。

(イラスト7) **ユキコは搭乗ゲートを尋ねます。**
ユキコ　　　　　　　： 何番ゲートから飛行機は出発しますか？
空港グランドスタッフ ： 5番ゲートです。
　　　　　　　　　　　まずは左手の手荷物検査にお進み下さい。
ユキコ　　　　　　　： ありがとう。

Information

知ってお得なドイツ情報

ヨーロッパ屈指のフランクフルト・アム・マイン空港。ターミナル1とターミナル2の2つのターミナルがあり，無料の**Sky-Line**で結ばれています。ショッピングモールやレストランも充実しているので，乗り継ぎ時間が長い時にも退屈することはないでしょう。ただし，あまりにも広すぎて，どこに何があるのかを把握するのに時間がかかってしまうかもしれません。ようやくどこに何があるかがわかったころには時間切れ！出発ゲートまで走りに走る！なんてことにならないよう気をつけください。

Flughafen 空港

ボキャブラリー

der Check-In-Counter von Lufthansa　ルフトハンザのチェックインカウンター
die Information　インフォメーション
die Abflughalle　出発ロビー
der Abfertigungsschalter　チェックインカウンター
das Flugzeug　飛行機
die Wartehalle　待合ロビー
das Büro der Lufthansa　ルフトハンザのオフィス
die Anzeigetafel　出発便案内板
das Handgepäck　手荷物
der Flugbegleiter / *die* Flugbegleiterin　客室乗務員

2　Ankunft – An der Passkontrolle　…入国審査　TRACK 5

STUFE 1　入国審査のシーンです。まずはCDを聴いてみましょう。

「Der Nächste, bitte.」

「Ihren Reisepass und die Einreisekarte, bitte.」

「Bitte schön.」

Yukiko wartet vor der Passkontrolle.

Yukiko gibt dem Beamten ihren Pass und die Einreiseunterlagen.

「Woher kommen Sie jetzt?」

「Aus Nagoya, aus Japan.」

「Wie lange werden Sie in Deutschland bleiben?」

「14 Tage.」

Der Beamte fragt nach dem Ausgangsflughafen.

Der Beamte fragt nach der Länge des Aufenthalts.

キーセンテンス

- Der Nächste, bitte.
  次の方、どうぞ。
- Wie lange werden Sie in Deutschland bleiben?
  ドイツにどれだけ滞在するご予定ですか？
- Was ist der Zweck Ihres Aufenthalts?
  ＝Was ist der Zweck der Reise?
  滞在の目的は何ですか？

Der Beamte fragt nach dem Zweck des Aufenthalts.

- Ich mache hier Urlaub.
- Was ist der Zweck Ihres Aufenthalts?

Der Beamte möchte das Flugticket sehen.

- Haben Sie ein Rückflugticket?
- Natürlich. Möchten Sie es sehen?
- Ja, bitte.

Der Beamte fragt nach dem Wohnort in Deutschland.

- Wo werden Sie wohnen?
- Im Hotel am Main, in Frankfurt.

Yukiko bekommt ihren Pass zurück.

- In Ordnung. Hier ist Ihr Pass. Schönen Aufenthalt.
- Vielen Dank.

● Haben Sie ein Rückflugticket?
  帰りの航空券はお持ちですか？

● Wo werden Sie wohnen?
  ＝Wo werden Sie übernachten?
  どこに滞在する予定ですか？

◇ Im Hotel *am Main*.
  アム・マインホテルです。

2 Ankunft – An der Passkontrolle   TRACK 6

STUFE 2 今度はユキコになって，入国審査を受けてみましょう。

Der Nächste, bitte.

Ihren Reisepass und die Einreisekarte, bitte.

Yukiko wartet vor der Passkontrolle.

Yukiko gibt dem Beamten ihren Pass und die Einreiseunterlagen.

Woher kommen Sie jetzt?

Wie lange werden Sie in Deutschland bleiben?

Der Beamte fragt nach dem Ausgangsflughafen.

Der Beamte fragt nach der Länge des Aufenthalts.

入国審査の際に役立つ表現を覚えましょう。

応用表現

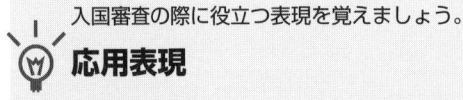

TRACK 7

◇ Ich bin auf Geschäftsreise.
仕事で来ました。

◇ Ich bin Austauschstudent/-in.
交換留学生です。

◇ Ich besuche einen Deutschkurs.
語学学校に通います。

Was ist der Zweck Ihres Aufenthalts?

Haben Sie ein Rückflugticket?

Ja, bitte.

Der Beamte fragt nach dem Zweck des Aufenthalts.

Der Beamte möchte das Flugticket sehen.

Wo werden Sie wohnen?

In Ordnung. Hier ist Ihr Pass. Schönen Aufenthalt.

Der Beamte fragt nach dem Wohnort in Deutschland.

Yukiko bekommt ihren Pass zurück.

◇ Ich bleibe bei *Freunden* / *meiner Gastfamilie*.
友人宅 / ホストファミリー宅に滞在します。

● Kann ich bitte Ihr Flugticket sehen?
航空券をお見せ願えますか？

● Haben Sie *ein Visum* / *eine Aufenthaltserlaubnis*?
ビザ / 滞在許可証をお持ちですか？

2 入国審査

(イラスト1) **ユキコは入国審査の順番を待っています。**
入国審査官 ： 次の方，どうぞ。

(イラスト2) **ユキコは入国審査官にパスポートと入国書類を渡します。**
入国審査官 ： パスポートと入国カードを見せてください。
ユキコ ： どうぞ。

(イラスト3) **審査官はどこから来たのかを尋ねます。**
入国審査官 ： どちらからいらっしゃいましたか？
ユキコ ： 日本の名古屋からです。

(イラスト4) **審査官は滞在日数について尋ねます。**
入国審査官 ： ドイツにどれだけ滞在のご予定ですか？
ユキコ ： 14日間です。

(イラスト5) **審査官は滞在の目的について尋ねます。**
入国審査官 ： 滞在の目的は何ですか？
ユキコ ： ここで休暇を過ごします。

(イラスト6) **審査官は帰りの航空券の提示を求めます。**
入国審査官 ： 帰りの航空券はお持ちですか？
ユキコ ： ええ，もちろん。見せましょうか？
入国審査官 ： お願いします。

(イラスト7) **審査官はドイツでの滞在先について尋ねます。**
入国審査官 ： どちらに滞在される予定ですか？
ユキコ ： フランクフルトのアム・マイン・ホテルです。

(イラスト8) **ユキコはパスポートを受け取ります。**
入国審査官 ： ＯＫです。パスポートをお返しします。よい滞在を！
ユキコ ： ありがとう。

Information

知ってお得なドイツ情報

入国審査は青色の標識に沿って進み、**Non-EU Nationals** の窓口に並びます。入国審査が終了したら、引き続き青色の標識に沿って **Gepäckausgabe**（手荷物引渡し所）へ進みます。**Gepäckband**（ターンテーブル）で荷物を受け取ったら、出口に向かいます。何も申告するものがない場合は、**Zoll**（税関）で緑の検査台へ進みます。**Haben Sie etwas anzumelden/zu verzollen?**（何か申告するものはありますか？）と聞かれたら（めったに聞かれることはありません）、何も申告するものがない場合には、**Nein, nichts.**（いいえありません）と答えましょう。**Bitte öffnen Sie Ihren Koffer!**（トランクを開けてください）と言われることはほとんどありませんのでご安心を。ただし、知り合いへのおみやげも175ユーロ以上のものは課税対象になるので注意してください。免税範囲を超える品物を持っている場合は赤の検査台に進みます。その場で税金を払いますから、現金を用意しておいてください。

Flughafen 空港

ボキャブラリー

die Ankunftshalle　到着ロビー　　　　　　*der* Anschlussflug　乗り継ぎ便
der Inlandsflug　国内線　　　　　　　　　*der* Transfer-Bereich　乗り継ぎエリア

3 Verlorenes Gepäck …… 手荷物紛失　　TRACK 8

STUFE 1 ユキコのスーツケースが見つかりません。まずは CD を聴いてみましょう。

- Entschuldigung, wo kann ich mein Gepäck abholen?
- LH 204, aus Tokyo.
- Sagen Sie mir bitte Ihre Flugnummer.
- Gehen Sie zu Gepäckband 4.
- Vielen Dank.

Yukiko sucht die Gepäckausgabe.

Eine Flughafenangestellte zeigt Yukiko den Weg zum Gepäckband.

- Mein Koffer ist nicht mitgekommen. Was soll ich jetzt machen?
- Gehen Sie zum Büro der Gepäckausgabe. Dort wird man Ihnen helfen.
- Was kann ich für Sie tun?
- Ich kann meinen Koffer nicht finden.

Yukiko kann ihren Koffer nicht finden.

Yukiko geht zum Büro der Gepäckausgabe.

🔑 キーセンテンス

◇ Wo kann ich mein Gepäck abholen?
荷物はどこで受け取ることができますか？

◇ Mein Koffer ist nicht mitgekommen.
＝ Ich kann meinen Koffer nicht finden.
私のスーツケースが見つかりません。

◇ Was soll ich jetzt machen?
どうすればいいですか？

Teil 1 — **3** — **TRACK 8**

Flughafen 空港

> Zeigen Sie mir bitte Ihren Gepäckschein.
>
> Hier, bitte.

Die Angestellte fragt nach Yukikos Gepäckschein.

> Beschreiben Sie bitte den Koffer.
>
> Es ist ein Hartschalenkoffer, schwarz, mit Rollen.

Yukiko beschreibt ihren Koffer.

> Haben Sie einen Kugelschreiber?
>
> Füllen Sie dann bitte dieses Formular aus.
>
> Nehmen Sie diesen.

Yukiko soll ein Formular ausfüllen.

> Wir bringen den Koffer sofort zu Ihrem Hotel, wenn wir ihn finden.
>
> Vielen Dank.

Die Angestellte gibt weitere Informationen.

- Zeigen Sie mir bitte Ihren Gepäckschein.
  荷物引換証を見せてください。
- Füllen Sie bitte dieses Formular aus.
  この書類にご記入ください。
- Beschreiben Sie bitte *den Koffer / das Gepäck*.
  どのようなスーツケースですか？

3 Verlorenes Gepäck

TRACK 9

STUFE 2 今度はユキコになって，手荷物引渡所で，手荷物紛失の届け出をしてみましょう。

> Sagen Sie mir bitte Ihre Flugnummer.

Yukiko sucht die Gepäckausgabe.

> Gehen Sie zu Gepäckband 4.

Eine Flughafenangestellte zeigt Yukiko den Weg zum Gepäckband.

> Gehen Sie zum Büro der Gepäckausgabe. Dort wird man Ihnen helfen.

Yukiko kann ihren Koffer nicht finden.

> Was kann ich für Sie tun?

Yukiko geht zum Büro der Gepäckausgabe.

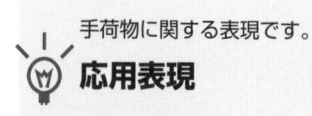

手荷物に関する表現です。

応用表現

TRACK 10

◇ Mein Koffer ist kaputt.
スーツケースが壊れています。

◇ Ich habe den falschen Koffer genommen.
スーツケースを間違えてしまいました。

◇ Das ist nicht mein Gepäck.
これは私の荷物ではありません。

Teil 1 — 3 — TRACK 9

Flughafen 空港

Zeigen Sie mir bitte Ihren Gepäckschein.

Beschreiben Sie bitte den Koffer.

Die Angestellte fragt nach Yukikos Gepäckschein.

Yukiko beschreibt ihren Koffer.

Füllen Sie dann bitte dieses Formular aus.

Wir bringen den Koffer sofort zu Ihrem Hotel, wenn wir ihn finden.

Vielen Dank.

Nehmen Sie diesen.

Yukiko soll ein Formular ausfüllen.

Die Angestellte gibt weitere Informationen.

◇ Ich muss einige notwendige Dinge kaufen. Bezahlt die Fluggesellschaft das?
最低限必要なものを買わなくてはなりません。それについては航空会社が支払ってくれますか？

3 手荷物紛失

イラスト1 **ユキコは手荷物引渡所を探しています。**
ユキコ　　　　　　：すみません，荷物はどこで受け取ることができますか？
空港係員1　　　　：便名を教えてください。
ユキコ　　　　　　：東京発のLH 204です。

イラスト2 **空港係員はターンテーブルへの行き方を示します。**
空港係員1　　　　：ターンテーブル4へ行ってください。
ユキコ　　　　　　：ありがとう。

イラスト3 **ユキコはスーツケースを見つけることができません。**
ユキコ　　　　　　：私のスーツケースが見つかりませんでした。どうすればいいですか？
空港係員2　　　　：手荷物引渡所の事務所へ行ってください。そちらでお調べいたします。

イラスト4 **ユキコは手荷物引渡所の事務所へ行きます。**
手荷物引渡所係員：何か御用ですか？
ユキコ　　　　　　：私のスーツケースが見つかりませんでした。

イラスト5 **係員は荷物引換証（クレームタグ）を見せるよう言います。**
手荷物引渡所係員：荷物引換証を見せてください。
ユキコ　　　　　　：どうぞ。

イラスト6 **ユキコは彼女のスーツケースの形状について説明します。**
手荷物引渡所係員：どのようなスーツケースですか？
ユキコ　　　　　　：キャスター付きの黒色のハードケースです。

イラスト7 **ユキコは書類に記入するよう言われます。**
手荷物引渡所係員：この書類にご記入ください。
ユキコ　　　　　　：ボールペンはありますか？
手荷物引渡所係員：これをお使いください。

イラスト8 **係員は説明を続けます。**
手荷物引渡所係員：スーツケースを見つけ次第，お泊まりのホテルにお届けします。
ユキコ　　　　　　：ありがとう。

Information

知ってお得なドイツ情報

荷物が紛失することが時々あります。直行便ではなく，乗り継いでドイツに入った場合，積み替えの際に，別の便に載せられてしまうようです。通常は翌日，あるいは翌々日には荷物は届きますが，1週間以上届かないというケースも中にはあります。着替えや化粧品などの日用品を買う費用は基本的に保証されているはずですから，航空会社に必ず確認しましょう。旅先で荷物がないのは本当に不自由です。その旨を航空会社にしっかり主張しましょう。

Flughafen 空港

ボキャブラリー

der Gepäckanhänger　荷物札（タグ）
die Gepäckversicherung　手荷物保険
die Zollkontrolle　税関

das Namensschild　ネームタグ / 名札
die Gepäckkontrolle　手荷物検査
die Zollerklärung　税関申告書

Bildwörterbuch (イラスト辞書)

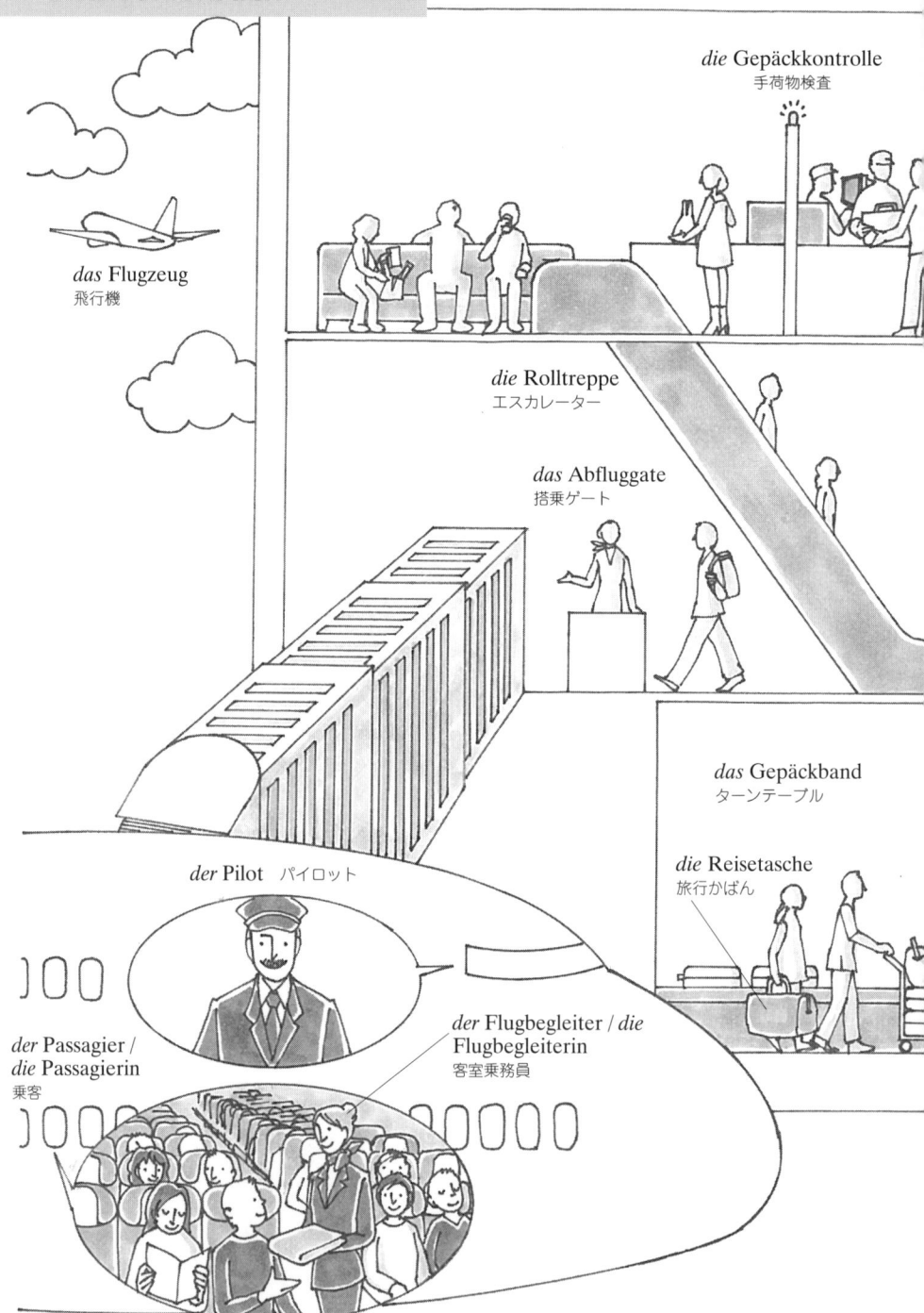

die Gepäckkontrolle
手荷物検査

das Flugzeug
飛行機

die Rolltreppe
エスカレーター

das Abfluggate
搭乗ゲート

das Gepäckband
ターンテーブル

die Reisetasche
旅行かばん

der Pilot　パイロット

der Passagier / *die* Passagierin
乗客

der Flugbegleiter / *die* Flugbegleiterin
客室乗務員

die Anzeigetafel 出発便 / 到着便案内

die Passkontrolle
入国 / 出国審査

der Check-In-Counter
チェックインカウンター

die Abflughalle
出発ロビー

der Aufzug
エレベーター

der Duty-free-shop 免税店

die Wartehalle
待合いロビー

die Zollkontrolle
税関

die Ankunftshalle
到着ロビー

die Information
インフォメーション

der Koffer トランク

der Gepäckwagen
カート（手荷物車）

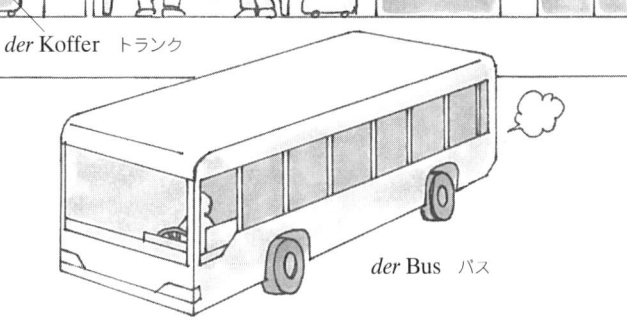

der Bus バス

Flughafen 空港

Grammatik

命令形

命令形は次のように作ります。
- 動詞は文頭に置きます。
- 2人称敬称 **Sie**，2人称親称単数 **du**，2人称親称複数 **ihr** それぞれで形が異なり，2人称親称では主語 **du**，**ihr** は言いません。
- **du** に対する命令形では語尾 **-e** を省略することが多い。
- 不規則変化動詞のうち，**e→i**，**e→ie** に変音するものは，命令形においても同様に変音します。

	du: 語幹＋[e]!	ihr: 語幹＋t!	Sie: 語幹＋en Sie!
gehen 行く	Geh!	Geht!	Gehen Sie!
kommen 来る	Komm!	Kommt!	Kommen Sie!
fahren 乗り物で行く	Fahr!	Fahrt!	Fahren Sie!
sprechen 話す	Sprich!	Sprecht!	Sprechen Sie!
lesen 読む	Lies!	Lest!	Lesen Sie!

- sein の命令形

sein ～である	Sei …!	Seid …!	Seien Sie …!

分離動詞

　動詞に他の語や特別な前つづりが付いた複合動詞の中で，前つづりが分離するものを分離動詞と呼びます。分離動詞ではアクセントは前つづりにあります。

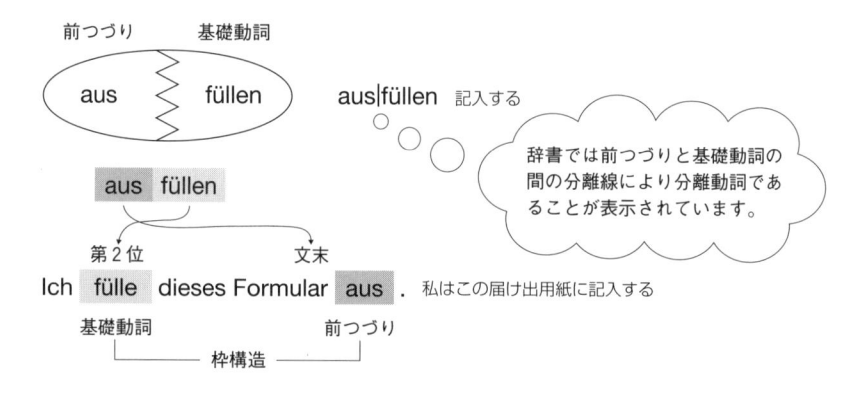

前つづり　　基礎動詞
aus　füllen

aus|füllen　記入する

辞書では前つづりと基礎動詞の間の分離線により分離動詞であることが表示されています。

aus　füllen
　　　　　第2位　　　　　文末
Ich　fülle　dieses Formular　aus．私はこの届け出用紙に記入する
　　基礎動詞　　　　　　前つづり
　　　　　　枠構造

Teil 2

TRACK 11-22

Hotel　　　　　　　　　　　　　　　　ホテル

1. **In der Information (Hotelsuche)**
   インフォメーションで（ホテルの予約）
2. **Hotelreservierung (Am Telefon)**
   ホテルの予約（電話で）
3. **Im Hotel einchecken**
   ホテルにチェックインする
4. **Im Hotel auschecken**
   ホテルをチェックアウトする

1 In der Information (Hotelsuche) ··· インフォメーションで(ホテルを探す) TRACK 11

STUFE 1 インフォメーションでホテルの予約をするシーンです。まずはCDを聴いてみましょう。

> Ich suche ein Einzelzimmer für drei Nächte.

Yukiko betritt die Information.

> Wie viel darf es denn kosten?

> Bis 30 Euro pro Nacht.

Der Angestellte fragt nach der Preisklasse.

> Kann es auch etwas außerhalb liegen?

> Ich möchte lieber zentral wohnen.

Der Angestellte fragt, ob das Hotel auch außerhalb der Stadt sein kann.

> Ich habe da ein Zimmer im Hotel Amadeus für 27 Euro.

Der Angestellte schlägt ein Zimmer vor.

🔑 キーセンテンス

◇ Ich suche ein Zimmer für *drei* Nächte.
　3泊したいのですが。

● Wie viel darf es denn kosten?
　= In welcher Preisklasse?
　どのくらいの価格帯がよろしいですか？

◇ Bis *70* Euro pro Nacht.
　= Nicht mehr als *70* Euro pro Nacht.
　1泊70ユーロくらいまでがいいです。

● Kann es auch etwas außerhalb liegen?
　郊外（のホテル）でもよろしいですか？

◇ Ich möchte zentral wohnen.
　= Ich möchte ein Hotel im Zentrum.
　中心部のホテルがいいです。

Teil 2 | 1 | TRACK 11

Ist das mit Bad oder mit Dusche?

Das ist mit Dusche.

Yukiko fragt, ob das Zimmer ein Bad oder eine Dusche hat.

Haben Sie noch ein anderes Zimmer?

Im Hotel Mozart gibt es noch ein Zimmer mit Bad für 40 Euro.

Der Angestellte schlägt ein anderes Zimmer vor.

Das ist mir zu teuer. Ich nehme das Zimmer im Hotel Amadeus.

Yukiko entscheidet sich für das billigere Zimmer.

Gut. Ich schreibe Ihnen die Adresse und Telefonnummer auf. Rufen Sie bitte selbst im Hotel an.

Vielen Dank für Ihre Hilfe.

Yukiko bekommt die Adresse und Telefonnummer des Hotels.

◇ **Ist das mit Bad oder mit Dusche?**
それはバス付きですか、それともシャワーのみですか？

◇ **Haben Sie noch ein anderes Zimmer?**
他にも部屋はありますか？

◇ **Das ist mir zu teuer.**
私には高すぎます。

◇ **Ich nehme das Zimmer im Hotel *Amadeus*.**
ホテル・アマデウスの部屋にします。

● **Ich schreibe Ihnen die Adresse und Telefonnummer auf.**
= Ich gebe Ihnen die Adresse und Telefonnummer.
住所と電話番号を（書いて）お渡しします。

● **Rufen Sie bitte selbst im Hotel an.**
ご自分でホテルに電話してください。

◇ **Vielen Dank für Ihre Hilfe.**
お手伝いいただいてありがとう。

1 In der Information (Hotelsuche) TRACK 12

STUFE 2 今度はユキコになってホテルを予約してみましょう。

Yukiko betritt die Information.

Wie viel darf es denn kosten?

Der Angestellte fragt nach der Preisklasse.

Kann es auch etwas außerhalb liegen?

Der Angestellte fragt, ob das Hotel auch außerhalb der Stadt sein kann.

Ich habe da ein Zimmer im Hotel Amadeus für 27 Euro.

Der Angestellte schlägt ein Zimmer vor.

ホテルの予約の際に役立つ表現を覚えましょう。

応用表現

TRACK 13

■ für eine Nacht
1泊

◇ Könnten Sie für mich dort anrufen?
（私のために）そこへ電話していただけませんか？

◇ Ist das mit oder ohne Frühstück?
朝食付きですか？　それとも朝食なしですか？

Teil 2 — 1 — TRACK 12

Hotel ホテル

"Das ist mit Dusche."

"Im Hotel Mozart gibt es noch ein Zimmer mit Bad für 40 Euro."

Yukiko fragt, ob das Zimmer ein Bad oder eine Dusche hat.

Der Angestellte schlägt ein anderes Zimmer vor.

"Gut. Ich schreibe Ihnen die Adresse und Telefonnummer auf. Rufen Sie bitte selbst im Hotel an."

Yukiko entscheidet sich für das billigere Zimmer.

Yukiko bekommt die Adresse und Telefonnummer des Hotels.

◇ Hat das Hotel *einen Parkplatz / ein Schwimmbad / einen Tennisplatz / ein Restaurant*?
そのホテルには駐車場 / プール / テニスコート / レストランはありますか？

◇ Haben Sie etwas Preiswerteres?
もっとお値打ちなホテルはありますか？

◇ Gibt es in der Stadt eine Jugendherberge?
この町にはユースホステルはありますか？

◇ So *billig / preiswert* wie möglich.
安ければ安いほど。

◪ gehobene Preisklasse
高級クラス

1 インフォメーションで（ホテルを探す）

- イラスト1 **ユキコはインフォメーションに入ります。**
  ユキコ　：シングルルームに3泊したいのですが。

- イラスト2 **係員は価格帯について尋ねます。**
  係員　　：どのくらいのお値段がよろしいですか？
  ユキコ　：1泊30ユーロまでで。

- イラスト3 **係員は郊外のホテルでもいいかどうか尋ねます。**
  係員　　：郊外でもいいですか？
  ユキコ　：街の中心部の方がいいです。

- イラスト4 **係員はある部屋を勧めます。**
  係員　　：ホテル・アマデウスの27ユーロのお部屋はいかがですか？

- イラスト5 **ユキコはその部屋はバス付きかシャワーのみかを尋ねます。**
  ユキコ　：その部屋はバス付きですか？　それともシャワーのみですか？
  係員　　：シャワーのみです。

- イラスト6 **係員は他の部屋も勧めます。**
  ユキコ　：他にも部屋はありますか？
  係員　　：ホテル・モーツァルトなら40ユーロでバス付きの部屋がありますが。

- イラスト7 **ユキコは安い方の部屋にします。**
  ユキコ　：それは私には高すぎます。ホテル・アマデウスの部屋にします。

- イラスト8 **ユキコはホテルの住所と電話番号を受け取ります。**
  係員　　：住所と電話番号を書きますから，ご自身で電話してください。
  ユキコ　：（お手伝いいただいて）ありがとう。

Information

知ってお得なドイツ情報

最近では，日本から簡単にインターネットでホテルを予約できるようになったので，現地入りしてからホテルを探すというシチュエーションは以前よりも少なくなっているかもしれません。それでも，旅の都合上，現地で予約する必要に迫られたときには，駅前や町の中心にあるインフォメーションをぜひ利用してください。インフォメーションの目印は❶のマーク。その町にあるホテルの値段や設備が一覧になっているので，係員に希望を言えば，希望に合うホテルを探してくれます。なお，インフォメーションでホテルを予約すると，数百円程度の手数料がかかります。

Hotel ホテル

ボキャブラリー

die Jugendherberge　ユースホステル　　　　　*das* Sechs-Bett-Zimmer　6人用大部屋（ユースホステル）
die Pension　ペンション　　　　　　　　　　　*das* 3-Sterne-Hotel　三ツ星ホテル

2. Hotelreservierung (Am Telefon) … ホテルの予約（電話で） **TRACK 14**

STUFE 1 電話でホテルを予約するシーンです。まずはCDを聴いてみましょう。

— Hotel Amadeus, Grüß Gott.
— Grüß Gott. Haben Sie vom 2. bis zum 5. September noch ein Zimmer frei?

Yukiko ruft im Hotel Amadeus an.

— Ein Einzelzimmer oder ein Doppelzimmer?
— Ein Einzelzimmer.

Der Hotelangestellte fragt, ob Yukiko ein Einzel- oder ein Doppelzimmer möchte.

— Einen Moment bitte. Ja, wir haben ein freies Zimmer.

Der Hotelangestellte sieht im Computer nach.

— Was kostet das Zimmer?
— 27 Euro pro Nacht.

Yukiko erkundigt sich nach dem Zimmerpreis.

🔑 キーセンテンス

- Ein Einzelzimmer oder ein Doppelzimmer?
  シングルルームですか？ それともツインルームですか？
- Einen Moment bitte.
  = Warten Sie bitte. 少々お待ちください。

◇ Haben Sie vom *2.* bis zum *5. September* noch ein Zimmer frei?
9月2日から5日まで部屋は空いていますか？

◇ Was kostet das Zimmer?
おいくらですか？

◇ Ist das mit Frühstück?
朝食付きですか？

Teil 2

Ist das mit Frühstück?

Natürlich. Frühstück ist im Preis inbegriffen.

Gut. Ich nehme es.

Yukiko fragt, ob der Preis inklusive Frühstück ist.

Nennen Sie mir bitte Ihren Namen.

Mein Name ist Yukiko Yamada.

Der Hotelangestellte fragt nach Yukikos Namen.

Können Sie das bitte buchstabieren?

Yukiko. Y-U-K-I-K-O. Und mein Familienname ist Yamada. Y-A-M-A-D-A.

Yukiko soll ihren Namen buchstabieren.

Vielen Dank, Frau Yamada. Wir warten auf Sie.

Danke. Auf Wiederhören.

Sie beenden das Gespräch.

- Frühstück ist im Preis inbegriffen.
  = Frühstück ist inklusive.
  朝食は値段に含まれています。

◇ Ich nehme es.　その部屋にします。

- Nennen Sie mir bitte Ihren Namen.
  = Wie ist Ihr Name?
  お名前をいただけますか？

- Können Sie das bitte buchstabieren?
  = Buchstabieren Sie bitte.
  つづりを言っていただけますでしょうか？

- Wie schreibt man das?
  どのようにつづりますか？

- Wir warten auf Sie.
  お待ちしております。

▣ Auf Wiederhören.
  （電話で）さようなら。

2 Hotelreservierung (Am Telefon)　TRACK 15

STUFE 2　今度はユキコになって、実際に電話でホテルを予約してみましょう。

"Hotel Amadeus, Grüß Gott."

Yukiko ruft im Hotel Amadeus an.

"Ein Einzelzimmer oder ein Doppelzimmer?"

Der Hotelangestellte fragt, ob Yukiko ein Einzel- oder ein Doppelzimmer möchte.

"Einen Moment bitte. Ja, wir haben ein freies Zimmer."

Der Hotelangestellte sieht im Computer nach.

"27 Euro pro Nacht."

Yukiko erkundigt sich nach dem Zimmerpreis.

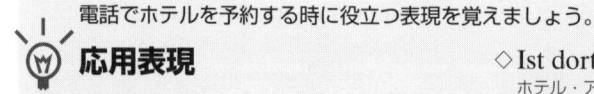

電話でホテルを予約する時に役立つ表現を覚えましょう。

応用表現

TRACK 16

◇ Ist dort *das Hotel Amadeus*?
　ホテル・アマデウスですか？

◇ Sprechen Sie bitte langsamer.
　もう少しゆっくり話してください。

◇ Ich verstehe Sie nicht.
　おっしゃることが理解できません。

Teil 2 — 2 TRACK 15

Natürlich. Frühstück ist im Preis inbegriffen.

Nennen Sie mir bitte Ihren Namen.

Yukiko fragt, ob der Preis inklusive Frühstück ist.

Der Hotelangestellte fragt nach Yukikos Namen.

Können Sie das bitte buchstabieren?

Vielen Dank, Frau Yamada. Wir warten auf Sie.

Yukiko soll ihren Namen buchstabieren.

Sie beenden das Gespräch.

- ◇ Hat das Zimmer *ein Telefon / einen Fernseher*?
  部屋には電話 / テレビはありますか？
- ◇ Kann ich mit Kreditkarte bezahlen?
  クレジットカードで支払えますか？
- ● Wir sind ausgebucht.
  部屋は満室です。
- ● Wir haben nur Zimmer mit Dusche.
  シャワーのみの部屋しかありません。
- ● Das Frühstück müssen Sie extra bezahlen.
  = Das Frühstück wird extra berechnet.
  朝食代は含まれておりません。

Hotel ホテル

2 ホテルの予約（電話で）

- イラスト1　**ユキコはホテル・アマデウスに電話します。**
  予約係：ホテル・アマデウスです，こんにちは。
  ユキコ：こんにちは。9月2日から5日まで空いてる部屋はありますか？

- イラスト2　**ホテルの予約係はシングルかツインかを尋ねます。**
  予約係：シングルルームですか，それともツインルームですか？
  ユキコ：シングルです。

- イラスト3　**ホテルの予約係はコンピュータで調べます。**
  予約係：少々お待ちください。はい，部屋は空いております。

- イラスト4　**ユキコは部屋の値段を尋ねます。**
  ユキコ：おいくらですか？
  予約係：1泊27ユーロです。

- イラスト5　**ユキコは値段に朝食が含まれているかどうか尋ねます。**
  ユキコ：朝食付きですか？
  予約係：もちろんです。朝食は値段に含まれております。
  ユキコ：それでは，そのお部屋にします。

- イラスト6　**ホテルの予約係はユキコに名前を尋ねます。**
  予約係：お名前をいただけますか？
  ユキコ：ヤマダユキコです。

- イラスト7　**ユキコは名前のつづりを聞かれます。**
  予約係：つづりを言っていただけますでしょうか？
  ユキコ：ユキコはY-U-K-I-K-O。苗字のヤマダはY-A-M-A-D-Aです。

- イラスト8　**会話が終わります。**
  予約係：ありがとうございます，山田様。お待ちしております。
  ユキコ：ありがとう。さようなら。

Information

知ってお得なドイツ情報

「電話でホテルを予約する」。電話はちょっと緊張してしまうかもしれないですね。落ち着いてゆっくりと自分の希望を述べましょう。よく聞き取れないときには，**Sprechen Sie bitte langsamer.**（ゆっくりと話してください）と言ってみてください。それでも相手がゆっくり話してくれない場合，日本人はわからないまま会話を進めてしまいがちですが，それでは NG。相手の言うことがわかるまで，**Sagen Sie das bitte noch einmal.**（もう一度言ってください）を繰り返しましょう。

電話での「さようなら」は **Auf Wiedersehen!** ではなく，**Auf Wiederhören!** と言います。なるほど，電話ですから **sehen**（会う）ではなく，**hören**（聞く）ですよね。ドイツ語はほんとうに論理的な言語です。

ボキャブラリー

das Kinderbett　子供用ベット
der Familienname　姓
die Telefonnummer　電話番号

der Vorname　（姓に対し）名
die Adresse　住所

3 Im Hotel einchecken … ホテルにチェックインする　TRACK 17

STUFE 1 ホテルのチェックインのシーンです。まずはCDを聴いてみましょう。

> Guten Abend. Kann ich Ihnen helfen?

> Guten Abend. Ich möchte einchecken.

> Haben Sie eine Reservierung?

> Ja, auf den Namen Yamada.

Yukiko geht zur Rezeption.

Yukiko sagt ihren Namen.

> Ja, Frau Yamada. Sie haben eine Reservierung für ein Einzelzimmer mit Dusche für 3 Nächte.

> Richtig.

> Bitte füllen Sie dieses Formular hier aus: Name, Adresse, Telefonnummer und Unterschrift.

> Wo soll ich unterschreiben?

> Hier unten.

Die Hotelangestellte überprüft die Reservierung im Computer.

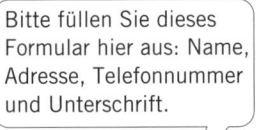

Yukiko füllt ein Formular aus.

🔑 キーセンテンス

◇ Ich möchte einchecken.
　チェックインしたいのですが。

◇ Auf den Namen *Yamada*.
　= Mein Name ist *Yamada*.
　山田です。

Teil 2 ❸ TRACK 17

Sie haben Zimmer 205. Das ist im zweiten Stock. Hier ist Ihr Schlüssel.

Wo ist der Fahrstuhl?

Der Fahrstuhl ist gleich hier rechts.

Die Angestellte gibt Yukiko den Zimmerschlüssel.

Yukiko sucht den Fahrstuhl.

Hotel ホテル

Und wo ist das Restaurant?

Im dritten Stock. Die Frühstückszeit ist von 7.30 Uhr bis 11.00 Uhr.

Geben Sie mir bitte morgen früh um 7.00 Uhr einen Weckanruf.

Kein Problem.

Yukiko fragt nach dem Restaurant.

Yukiko bittet um einen Weckanruf.

- ● Bitte füllen Sie dieses Formular hier aus.
  この書類にご記入ください。
- ◇ Wo soll ich unterschreiben?
  どこにサインをすればいいですか？
- ◇ Geben Sie mir bitte morgen früh um *7.00* Uhr einen Weckanruf.
  明日の朝７時にモーニングコールをお願いします。
- ◇ Wo ist *der Fahrstuhl / das Restaurant*?
  エレベーター / レストランはどこですか？

49

3 Im Hotel einchecken

TRACK 18

STUFE 2 今度はユキコになって，ホテルにチェックインしてみましょう。

Guten Abend. Kann ich Ihnen helfen?

Yukiko geht zur Rezeption.

Haben Sie eine Reservierung?

Yukiko sagt ihren Namen.

Ja, Frau Yamada. Sie haben eine Reservierung für ein Einzelzimmer mit Dusche für 3 Nächte.

Die Hotelangestellte überprüft die Reservierung im Computer.

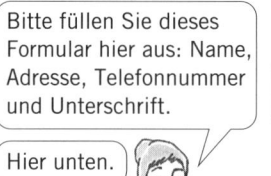

Bitte füllen Sie dieses Formular hier aus: Name, Adresse, Telefonnummer und Unterschrift.

Hier unten.

Yukiko füllt ein Formular aus.

ホテルのチェックインの際に役立つ表現を覚えましょう。

応用表現

TRACK 19

◇ Ich möchte das Zimmer um eine Nacht verlängern.
もう1泊したいのですが。

◇ Ich hätte gern ein Schließfach für meine Wertsachen.
セーフティーボックスはありますか？

◇ Ich habe bei Ihnen ein Zimmer reserviert.
予約してあります。

| | Teil 2 3 TRACK 18 |

> Sie haben Zimmer 205. Das ist im zweiten Stock. Hier ist Ihr Schlüssel.

> Der Fahrstuhl ist gleich hier rechts.

Die Angestellte gibt Yukiko den Zimmerschlüssel.

Yukiko sucht den Fahrstuhl.

Hotel ホテル

> Im dritten Stock. Die Frühstückszeit ist von 7.30 Uhr bis 11.00 Uhr.

> Kein Problem.

Yukiko fragt nach dem Restaurant.

Yukiko bittet um einen Weckanruf.

◇ Ich brauche *ein Kinderbett / ein Handtuch / Toilettenpapier*.
子供用ベット / タオル / トイレットペーパーがいります。

◇ Ich möchte ein anderes Zimmer.
部屋を替えて欲しいのですが。

◇ Das Zimmer ist nicht aufgeräumt.
部屋はまだ掃除されていません。

◇ Das Zimmer ist zu laut.
部屋がうるさすぎます。

◇ Ich habe meinen Schlüssel im Zimmer vergessen und die Tür zugemacht.
部屋に鍵を置いたままドアを閉めてしまいました。

◇ In meinem Zimmer kommt kein heißes Wasser.
熱いお湯が出ないんですが。

3 ホテルにチェックインする

(イラスト1) **ユキコはフロントへ向かいます。**
フロント係 ： こんばんは。いらっしゃいませ。
ユキコ ： こんばんは。チェックインしたいのですが。

(イラスト2) **ユキコは名前を言います。**
フロント係 ： ご予約はされていらっしゃいますか？
ユキコ ： ええ，山田という名前で。

(イラスト3) **フロント係はコンピュータで予約の確認をします。**
フロント係 ： 山田様ですね。シャワー付きのシングルルームを3泊でご予約いただいております。
ユキコ ： はい，そうです。

(イラスト4) **ユキコは書類に記入します。**
フロント係 ： こちらの書類にお名前，ご住所，お電話番号とサインをお願いいたします。
ユキコ ： どこにサインすればいいですか？
フロント係 ： ここの下のところです。

(イラスト5) **フロント係はユキコにルームキーを渡します。**
フロント係 ： お部屋は205号室，2階にございます。こちらがお部屋の鍵でございます。

(イラスト6) **ユキコはエレベーターを探します。**
ユキコ ： エレベーターはどこですか？
フロント係 ： こちらすぐ右手でございます。

(イラスト7) **ユキコはレストランについて尋ねます。**
ユキコ ： レストランはどこですか？
フロント係 ： 3階にございます。ご朝食は7時30分から11時までです。

(イラスト8) **ユキコはモーニングコールを頼みます。**
ユキコ ： 7時にモーニングコールをお願いできますか？
フロント係 ： かしこまりました。

Information

知ってお得なドイツ情報

ドイツのホテルは基本的にどこも清潔で，それは安宿であっても同じです。安く泊まりたいときには，ペンションに泊まるといいでしょう。バスやトイレが共同の場合もありますが，ほとんどの場合，清潔なので何の問題もありません。

安く泊まる方法には，**Jugendherberge**（ユースホステル）に泊まるという方法もあります。ドイツはユースホステル発祥の地であり，その数も設備も充実しています。ユースホステルに泊まるには会員証が必要ですから，あらかじめ日本のユースホステル協会の窓口で手続きを済ませておいてください。もちろん，会員証をドイツに持っていくのをお忘れなく！

ポーターに部屋まで荷物を運んでもらったら，荷物1個につき50セント〜1ユーロくらいの**Trinkgeld**（チップ）を渡しましょう。

ドイツの窓は日本の窓のように引き戸ではありません。レバーを横に引き上げて押し開ける窓が一般的です。

ボキャブラリー

der Zimmerservice　ルームサービス
das Anmeldeformular　宿泊カード
der Geburtsort　出生地
der Wohnsitz　住所
die Ausweisnummer / Passnummer　身分証明書番号／パスポート番号
das Ankunftsdatum　到着日
das Schwimmbad　プール
der Fitnessraum　フィットネスクラブ
die Bar　バー
das Doppelzimmer mit Dusche　シャワー付きのツインルーム

der Tresor　金庫
das Geburtsdatum　生年月日
die Staatsangehörigkeit　国籍
der Beruf　職業
das Abreisedatum　出発日
die Sauna　サウナ
der Schönheitssalon　エステティックサロン

4 Im Hotel auschecken … ホテルをチェックアウトする　TRACK 20

STUFE 1　ホテルのチェックアウトのシーンです。まずは CD を聴いてみましょう。

> Guten Morgen.

> Guten Morgen. Ich möchte auschecken.

An der Rezeption.

> Wie ist Ihre Zimmernummer?

> Danke.

> 205. Hier ist der Schlüssel.

Yukiko gibt den Zimmerschlüssel ab.

> Mein Gepäck ist noch im Zimmer. Würden Sie es bitte holen lassen?

> Natürlich.

Yukiko bittet um Abholung ihres Gepäcks.

> Hatten Sie etwas aus der Mini-Bar?

> Ja, ein Mineralwasser und eine Packung Erdnüsse.

Die Angestellte bereitet die Rechnung vor.

🔑 キーセンテンス

◇ Ich möchte auschecken.
= Ich möchte abreisen.
チェックアウトをお願いします。

● Wie ist Ihre Zimmernummer?
お部屋は何号室ですか？

◇ Wofür sind diese Kosten?
これは何の費用ですか？

Teil 2 — 4 — **TRACK 20**

Gut. Würden Sie dann bitte die Rechnung überprüfen?

Wofür sind diese Kosten?

Das sind Gebühren der Hotelreinigung.

Ach, richtig.

Die Angestellte zeigt Yukiko die Rechnung.

Yukiko überprüft die Rechnung.

Wie möchten Sie bezahlen?

Mit Kreditkarte. Akzeptieren Sie VISA?

Hier ist Ihre Kopie der Rechnung. Vielen Dank für Ihren Besuch.

Natürlich.

Yukiko bezahlt mit Kreditkarte.

Yukiko bekommt die Rechnung.

Hotel ホテル

◇ Akzeptieren Sie VISA?
 = Nehmen Sie VISA?
   VISAは使えますか？

4 Im Hotel auschecken

TRACK 21

STUFE 2 今度はユキコになって，ホテルをチェックアウトしてみましょう。

Guten Morgen.

An der Rezeption.

Wie ist Ihre Zimmernummer?

Danke.

Yukiko gibt den Zimmerschlüssel ab.

Natürlich.

Yukiko bittet um Abholung ihres Gepäcks.

Hatten Sie etwas aus der Mini-Bar?

Die Angestellte bereitet die Rechnung vor.

応用表現

ホテルのチェックアウトの際に役立つ表現を覚えましょう。

TRACK 22

◇ Die Rechnung stimmt nicht.
勘定が違います。

◇ Rufen Sie mir bitte ein Taxi.
タクシーを呼んでください。

◇ Ich habe *meine Uhr* in Ihrem Hotel vergessen.
ホテルに時計を忘れました。

Teil 2 — 4 — TRACK 21

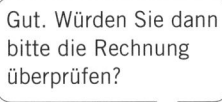

Gut. Würden Sie dann bitte die Rechnung überprüfen?

Das sind Gebühren der Hotelreinigung.

Die Angestellte zeigt Yukiko die Rechnung.

Yukiko überprüft die Rechnung.

Wie möchten Sie bezahlen?

Natürlich.

Hier ist Ihre Kopie der Rechnung. Vielen Dank für Ihren Besuch.

Yukiko bezahlt mit Kreditkarte.

Yukiko bekommt die Rechnung.

◇ Können Sie bitte mein Gepäck bis zum *7. September* aufbewahren?
　９月７日まで荷物を預かってもらえますか？

4 ホテルをチェックアウトする

(イラスト1) **フロントで**
フロント係 ： おはようございます。
ユキコ ： おはようございます。チェックアウトをお願いします。

(イラスト2) **ユキコはルームキーを返却します。**
フロント係 ： お部屋は何号室ですか？
ユキコ ： 205号室です。これがルームキーです。
フロント係 ： ありがとうございます。

(イラスト3) **ユキコは荷物を運んでくれるよう頼みます。**
ユキコ ： 荷物がまだ部屋にあります。運んでいただけますか？
フロント係 ： かしこまりました。

(イラスト4) **フロント係は請求書を作成します。**
フロント係 ： ミニバーをご利用になりましたか？
ユキコ ： ええ，ミネラルウォーターとピーナッツを1袋。

(イラスト5) **フロント係はユキコに請求書を見せます。**
フロント係 ： 請求書をご確認いただけますか？

(イラスト6) **ユキコは請求書を確認します。**
ユキコ ： これは何の費用ですか？
フロント係 ： こちらはクリーニング代でございます。
ユキコ ： ああ，そうでした。

(イラスト7) **ユキコはクレジットカードで支払います。**
フロント係 ： お支払いはどのようになさいますか？
ユキコ ： クレジットカードで。VISAは使えますか？
フロント係 ： もちろんです。

(イラスト8) **ユキコは請求書を受け取ります。**
フロント係 ： こちらが請求書の控えです。ご滞在ありがとうございました。

Information

知ってお得なドイツ情報

古城ホテルに泊まってみませんか？ 古い甲冑や武具が飾ってあったり，ベッドや家具も歴史を感じさせる非常に古いものであったりと，雰囲気抜群です。古城ホテル以外にも100年以上の歴史を持つ古いホテルではエレベーターの扉は二重扉，開閉は手動だったりして，一昔前にタイムスリップしたような気分にさせてくれます。

部屋を掃除してくれる **Zimmermädchen**（ルームメイド）にも **Trinkgeld**（チップ）をお忘れなく。1泊につき50セント～1ユーロ程度のチップを枕元あるいはサイドテーブルの上に置きます。小さな紙に **Danke!** と書いてその上にお金を置くのもいいでしょう。

ボキャブラリー

die Abreise　出発　　　　　　　　　　　abreisen　出発する
die Kasse　レジ　　　　　　　　　　　　aufbewahren　預かる
der Aufbewahrungsschein　預り証

Bildwörterbuch

das Doppelzimmer
ツインルーム

der Fitnessraum
ジム

der Balkon
バルコニー

das Einzelzimmer
シングルルーム

die Dusche
シャワー

das Bad / *die* Badewanne
バスルーム / バスタブ

der Kofferträger
ポーター

der Fahrstuhl / *der* Aufzug
エレベーター

die Treppe
階段

das Zimmermädchen
客室係

der Flur
廊下

der Notausgang
非常口

der Frühstücksraum
朝食ルーム

das Restaurant
レストラン

das WC
(Herren / Damen)
トイレ(紳士用 / 婦人用)

die Rezeption
フロント

die Eingangshalle
ロビー

das Taxi
タクシー

der Portier
ドアマン

Grammatik

助動詞

本動詞に「可能」「必然」「願望」などの意味を添える働きをする助動詞を話法の助動詞と言います。möchte は mögen「好む」の接続法第Ⅱ式（接続法第Ⅱ式については p. 150 を参照してください）ですが，「～したい」「～が欲しい」という意味で使われ，文法的にも話法の助動詞と同じなので一緒に覚えておくと便利です。

	können ～できる	müssen ～しなければ ならない	dürfen ～してもよい	wollen ～するつもり である	sollen ～すべきである	möchte ～したい
ich	kann	muss	darf	will	soll	möchte
du	kannst	musst	darfst	willst	sollst	möchtest
er / sie / es	kann	muss	darf	will	soll	möchte
wir	können	müssen	dürfen	wollen	sollen	möchten
ihr	könnt	müsst	dürft	wollt	sollt	möchtet
sie	können	müssen	dürfen	wollen	sollen	möchten
Sie	können	müssen	dürfen	wollen	sollen	möchten

　まずは活用表をよく見てください。一般動詞の活用とは少し違っていますね。どこが違っているのでしょうか？　ポイントは次の2つです。
　ポイント1：sollen（と möchte）以外は，単数形の幹母音（＝語幹の中心となる母音）が変化する
　ポイント2：1人称単数形と3人称単数形に語尾がつかない
　　　　　　　＝1人称単数形と3人称単数形が同じ形になる
　幹母音の変化には規則性はありませんので，1つずつ覚えるしかなさそうです。とは言え，話法の助動詞で幹母音が変化するのは，können, müssen, dürfen, wollen の4つだけです。がんばって覚えてください。
　語尾のつかない1人称単数形と3人称単数形以外は，すべて一般動詞の語尾と同じ語尾ですから，新たに覚えることはほんのわずかです。

●構文

　主語の人称・数に応じて人称変化した助動詞は，定形として文の2番目に置きます（定形第2位）。本動詞は不定形のまま，文末に置きます。助動詞と本動詞でそれ以外の文の成分を挟み込むこの形をドイツ文法では「ワク構造」と呼んでいます。

　　　　　　定形第2位　　　　　　文末
　　　Ich möchte lieber zentral wohnen .　街の中心部の方がいいです。
　　　　　　話法の助動詞　　　　　　本動詞
　　　　　　　└──── ワク構造 ────┘

　　疑問詞のある疑問文：Wo soll ich unterschreiben?　どこにサインすればいいですか？

疑問詞のない疑問文：Kann ich Ihnen helfen?　お手伝いしましょうか？

● 意味

話法の助動詞にはいろいろな意味があります。もっとも代表的な意味を前ページの活用表に書きましたが，意味についてもう少しだけ例を挙げたいと思います。

können	能力	:	Er kann gut Deutsch sprechen.　彼はドイツ語ができる。
	可能性	:	Kann es auch etwas außerhalb liegen?　郊外でもいいですか？
	丁寧な依頼	:	Können Sie das bitte buchstabieren?　スペルを言っていただけますか？
	許可	:	Kann ich kurz mit dir sprechen?　ちょっと話してもいい？
	推量	:	Es kann jeden Augenblick regnen.　今にも雨が降ってくるかもしれない。
müssen	義務	:	Ich muss Hausaufgaben machen.　宿題をやらなくてはならない。
	理論的必然	:	Er muss wohl krank sein.　彼は病気に違いない。
wollen	意志	:	Ich will in diesem Sommer nach Deutschland fliegen.　この夏はドイツに行くつもりです。
	促し	:	Wollen wir langsam gehen?　そろそろ行きませんか？
dürfen	許可	:	Darf ich hier parken?　ここに駐車してもいいですか？
	丁寧な申し出	:	Darf ich Ihnen helfen?　お手伝いしましょうか？
	禁止（否定詞とともに）	:	Hier darf man nicht rauchen.　ここは禁煙です。
sollen	義務	:	Du sollst deine Hausaufgaben machen.　君は宿題をするべきだ。
	相手の意思を尋ねる	:	Wo soll ich unterschreiben?　どこにサインすればいいですか？
möchte	〜したい	:	Ich möchte einchecken.　チェックインしたいです。

Teil 3

TRACK 23-28

Zug　　　　　　　　　　　　　　　　列車

---

1 **Auf dem Bahnhof**　駅で

2 **Im Zug**　　　　　　列車の中で

1 Auf dem Bahnhof ...... 駅で　　TRACK 23

STUFE 1 切符売り場でのシーンです。まずはCDを聴いてみましょう。

Guten Morgen. Eine Fahrkarte nach Salzburg, bitte.

Einfach oder hin und zurück?

Eine Rückfahrkarte, bitte.

Am Fahrkartenschalter.

Die Angestellte fragt nach der Art der Fahrkarte.

Wann möchten Sie fahren?

Am 2. September hin, und am 5. zurück.

Erster oder zweiter Klasse?

Zweiter Klasse, mit Sitzplatzreservierung, bitte.

Die Angestellte fragt nach dem Reisetermin.

Yukiko macht eine Sitzplatzreservierung.

キーセンテンス

◇ Eine Fahrkarte nach *Salzburg*, bitte.
ザルツブルクまでの切符を1枚ください。

● Wann möchten Sie fahren?
= An welchem Tag möchten Sie fahren?
ご出発の予定はいつですか？

● Einfach oder hin und zurück?
片道ですか，往復ですか？

Teil 3 **1** TRACK 23

> Um wie viel Uhr möchten Sie fahren?

> So gegen 10.00 Uhr morgens.

Die Angestellte fragt nach der gewünschten Abfahrtszeit.

> Es fährt ein Zug um 9.54 Uhr. Dann kommen Sie um 14.54 Uhr in Salzburg an.

Die Angestellte erklärt die Abfahrts- und Ankunftszeit.

> Muss ich irgendwo umsteigen?

> Ja, einmal in München.

Yukiko überprüft die Zugverbindung.

> Das macht dann 190 Euro. Hier ist die Fahrkarte.

> Danke.

Yukiko bezahlt.

Zug 列車

◇ Eine Rückfahrkarte, bitte.
 = Hin und zurück.
 往復でお願いします。

● Erster oder zweiter Klasse?
 1等ですか，2等ですか？

◇ Mit Sitzplatzreservierung, bitte.
 座席の予約をお願いします。

● Um wie viel Uhr möchten Sie fahren?
 何時にご出発になりたいですか？

◇ Muss ich irgendwo umsteigen?
 どこかで乗り換えなくてはなりませんか？

65

1 Auf dem Bahnhof

TRACK 24

STUFE 2 今度はユキコになって切符を買ってみましょう。

Am Fahrkartenschalter.

> Einfach oder hin und zurück?

Die Angestellte fragt nach der Art der Fahrkarte.

> Wann möchten Sie fahren?

Die Angestellte fragt nach dem Reisetermin.

> Erster oder zweiter Klasse?

Yukiko macht eine Sitzplatzreservierung.

駅で役立つ表現を覚えましょう。

応用表現

TRACK 25

◇ Kann man da direkt hinfahren?
直通で行けますか？

◇ Wie lange dauert die Fahrt?
時間はどのくらいかかりますか？

◇ Ich möchte so gegen *19.00* Uhr ankommen.
だいたい19時くらいに着きたいです。

◇ Von welchem Gleis fährt der Zug ab?
= Wo fährt der Zug ab?
何番線から列車は出ますか？

◼ eine einfache Fahrkarte 片道切符

◇ Wann fährt der nächste Zug nach *Salzburg* ab?
ザルツブルク行きの次の列車は何時ですか？

Teil 3 1 TRACK 24

Um wie viel Uhr möchten Sie fahren?

Es fährt ein Zug um 9.54 Uhr. Dann kommen Sie um 14.54 Uhr in Salzburg an.

Die Angestellte fragt nach der gewünschten Abfahrtszeit.

Die Angestellte erklärt die Abfahrts- und Ankunftszeit.

Ja, einmal in München.

Das macht dann 190 Euro. Hier ist die Fahrkarte.

Yukiko überprüft die Zugverbindung.

Yukiko bezahlt.

Zug 列車

◇ Hat der Zug *ein Fahrradabteil / ein Restaurant / einen Schlafwagen*?
自転車専用車 / 食堂車 / 寝台車はありますか？

◇ Ich möchte ab heute meine Bahnkarte benutzen.
今日からバーンカード（鉄道パス）を使いたいです。

◇ Gibt es hier *Schließfächer / eine Gepäckaufbewahrung*?
コインロッカー / 手荷物一時預かり所はありますか？

◇ Gibt es eine billige Möglichkeit nach Salzburg?
ザルツブルク行きの安い切符はありますか？

● *Der ICE 205* verspätet sich um etwa *20* Minuten.
ICE 205号は20分ほど遅れています。

◇ Ich hätte gern einen Platz *am Fenster / am Gang*.
窓側 / 通路側の席がいいです。

1

駅で

- (イラスト1) **切符売り場で**
  ユキコ ： おはようございます。ザルツブルクまで切符を1枚。

- (イラスト2) **駅員は切符の種類を尋ねます。**
  駅員　 ： 片道ですか，往復ですか？
  ユキコ ： 往復でお願いします。

- (イラスト3) **駅員は日程について尋ねます。**
  駅員　 ： いつご出発ですか？
  ユキコ ： 9月2日に出発して，5日に戻ります。

- (イラスト4) **ユキコは座席の予約をします。**
  駅員　 ： 1等ですか，それとも2等ですか？
  ユキコ ： 2等で座席の予約もお願いします。

- (イラスト5) **駅員は出発時刻について尋ねます。**
  駅員　 ： 何時にご出発になりたいですか？
  ユキコ ： 朝の10時頃に。

- (イラスト6) **駅員は出発時刻と到着時刻について説明します。**
  駅員　 ： 9時54分に出発し，14時54分にザルツブルクに到着します。

- (イラスト7) **ユキコは電車の乗り継ぎについて確認します。**
  ユキコ ： どこかで乗り換えなくてはなりませんか？
  駅員　 ： はい，ミュンヒェンで1回。

- (イラスト8) **ユキコは支払いをします。**
  駅員　 ： 190ユーロです。こちらが乗車券になります。
  ユキコ ： ありがとう。

Information

知ってお得なドイツ情報

最近では駅に自動切符販売機が設置されているので、窓口でドイツ語を話すのに不安のある方は、自動切符販売機で切符を購入することもできます。ただし、ドイツ鉄道（DB）は利用客を増やすためにいろいろな割引サービスを導入しているので（条件によってあまりにもいろいろな割引サービスがあるので、ドイツ人でも何がなんだかよくわからない！とこぼしています）、最も安い切符を自動切符販売機の指示に従って買うのは難しいかもしれません。機械の操作で四苦八苦するよりは、窓口で早口のドイツ人と相対した方がマシ！かもしれませんね。窓口ではPCによる自動検索で、最もお得な切符を発券してくれるようです。

学生であれば、学生割引が適用されます。概して日本人は若く見られることが多いせいか、あるいはドイツでは学生の年齢の幅が日本よりも広いせいか、30歳を過ぎてもなお、「学生か？」と聞かれた経験を持つ日本人は多いようです。せっかくの割引のチャンスですが、学生証を提示しないと学生割引は受けられません。

ドイツの駅には改札はありません。切符を持って乗車し、車掌が検札にまわってくるのを待ちます。列車を降りた後も改札はないので切符は記念にとっておくこともできます。

ボキャブラリー

der Personenzug　旅客列車
der Regionalexpress　ローカル列車
der Eilzug (E)　中距離特急列車
der InterCity (IC)　都市間特急
der InterCityExpress (ICE)　インターシティエクスプレス
Deutsche Bahn (DB)　ドイツ鉄道
Österreichische Bundesbahn (ÖBB)　オーストリア連邦鉄道
der Hauptbahnhof (Hbf)　中央駅

der Nahverkehrszug　近距離列車
der Schnellzug (D)　急行列車
der Interregio (IR)　準急（快速）列車
der EuroCity (EC)　ヨーロッパ都市間特急
Schweizerische Bundesbahn (SBB)　スイス連邦鉄道

morgens / am Morgen　朝に
vormittags / am Vormittag　午前中に
nachmittags / am Nachmittag　午後に
nachts / in der Nacht　夜に

mittags / am Mittag　正午に
abends / am Abend　夕方／晩に

2 Im Zug ...... 列車の中で

TRACK 26

STUFE 1 列車の中のシーンです。まずは CD を聴いてみましょう。

Guten Tag. Ist das Sitz Nummer 24?
Ja, das ist richtig.

Yukiko sucht ihren Sitzplatz.

Wo kann ich mein Gepäck abstellen?
In der Gepäckablage über dem Sitz. Kann ich Ihnen helfen?
Vielen Dank.

Yukiko sucht einen Platz für ihr Gepäck.

Guten Tag. Ihre Fahrscheine bitte.
Hier bitte.

Der Schaffner kommt.

Auf welchem Gleis kommen wir in München an?
Wir kommen auf Gleis 2 an.

Yukiko erkundigt sich nach dem Ankunftsgleis.

キーセンテンス

◇ Ist das Sitz Nummer *24*?
この座席は24番ですか？

◇ Wo kann ich mein Gepäck abstellen?
荷物はどこに置けばいいでしょう？

● In der Gepäckablage über dem Sitz.
座席の上に荷物置き場があります。

● Kann ich Ihnen helfen?
＝Kann ich Ihnen behilflich sein?
お手伝いしましょうか？

◇ Auf welchem Gleis kommen wir in *München* an?
ミュンヒェンでは何番ホームに着きますか？

Yukiko erkundigt sich nach dem Abfahrtsgleis des EC nach Salzburg.

– Und von welchem Gleis fährt der EC nach Salzburg ab?
– Der EC nach Salzburg fährt von Gleis 11 ab.

Yukiko fragt, ob es ein Zugrestaurant gibt.

– Gibt es im Zug ein Restaurant?
– Ja, das Restaurant ist im Wagen Nummer 3.
– Danke.

Eine Durchsage.

Meine Damen und Herren, in wenigen Minuten erreichen wir München Hauptbahnhof.

Yukiko bereitet sich zum Aussteigen vor.

– Darf ich mal durch? Ich muss gleich aussteigen.
– Aber natürlich. Auf Wiedersehen.
– Gute Fahrt noch.

◇ Und von welchem Gleis fährt der EC nach *Salzburg* ab?
　ザルツブルク行きのECは何番線から出発しますか？

◇ Gibt es im Zug ein Restaurant?
　食堂車はありますか？

● Das Restaurant ist im Wagen Nummer *3*.
　食堂車は3号車です。

● In wenigen Minuten erreichen wir *München Hauptbahnhof*.
　まもなくミュンヒェン中央駅に到着いたします。

◇ Darf ich mal durch?
　通していただけますか？

◇ Ich muss gleich aussteigen.
　もうじき降りなくてはなりません。

● Gute Fahrt noch.
　よい旅を！

Zug 列車

2 Im Zug
TRACK 27

STUFE 2 今度はユキコになって，列車の中で他の乗客や車掌と話してみましょう。

Ja, das ist richtig.

In der Gepäckablage über dem Sitz. Kann ich Ihnen helfen?

Yukiko sucht ihren Sitzplatz.

Yukiko sucht einen Platz für ihr Gepäck.

Guten Tag. Ihre Fahrscheine bitte.

Wir kommen auf Gleis 2 an.

Der Schaffner kommt.

Yukiko erkundigt sich nach dem Ankunftsgleis.

応用表現

列車内での便利な表現を覚えましょう。

TRACK 28

◇ Ist dieser Platz noch frei?
ここは空いていますか？

● Der Platz ist schon besetzt / reserviert.
この席はもうふさがっています / 予約席です。

● Hier ist noch frei.
ここはまだ空いています。

◇ Ich kann meinen Sitzplatz nicht finden.
席が見つからないんですが。

◇ Entschuldigung, das ist mein Platz.
すみません，そこは私の席です。

◇ Darf ich das Fenster öffnen?
窓を開けてもいいですか？

Teil 3 **2** **TRACK 27**

Zug 列車

Der EC nach Salzburg fährt von Gleis 11 ab.

Ja, das Restaurant ist im Wagen Nummer 3.

Yukiko erkundigt sich nach dem Abfahrtsgleis des EC nach Salzburg.

Yukiko fragt, ob es ein Zugrestaurant gibt.

Meine Damen und Herren, in wenigen Minuten erreichen wir München Hauptbahnhof.

Aber natürlich. Auf Wiedersehen.

Eine Durchsage.

Yukiko bereitet sich zum Aussteigen vor.

◇ Wo sind die Toiletten?
トイレはどこですか？

◇ Wie heißt die nächste Haltestelle?
次の駅はどこですか？

◇ Ich kann meine Fahrkarte nicht finden. 切符が見当たりません。

◇ Wie lange haben wir in *München* Aufenthalt?
ミュンヒェンでの停車時間はどのくらいですか？

◇ Hält der Zug in *München*?
この列車はミュンヒェンに停車しますか？

● Dieser Zug endet hier.
この列車はここで終点です。

● Der Zug kommt mit *20* Minuten Verspätung in *München* an.
列車は20分遅れでミュンヒェンに到着します。

2　列車の中で

(イラスト1)　**ユキコは自分の席を捜しています。**
　ユキコ　：こんにちは。この座席は24番ですか？
　お客　　：ええ，そうですよ。

(イラスト2)　**ユキコは荷物を置く場所を捜します。**
　ユキコ　：荷物はどこに置けばいいでしょう？
　お客　　：座席の上に荷物置き場があります。お手伝いしましょうか？
　ユキコ　：ありがとう。

(イラスト3)　**車掌が来ます。**
　車掌　　：こんにちは。切符を拝見します。
　ユキコ　：どうぞ。

(イラスト4)　**ユキコは到着ホームを尋ねます。**
　ユキコ　：ミュンヒェンでは何番線に着きますか？
　車掌　　：2番ホームに到着します。

(イラスト5)　**ユキコはザルツブルク行きのホームを尋ねます。**
　ユキコ　：ザルツブルク行きのECは何番線から出発しますか？
　車掌　　：ザルツブルク行きのECは11番線から出発します。

(イラスト6)　**ユキコは食堂車があるかどうか尋ねます。**
　ユキコ　：食堂車はありますか？
　車掌　　：はい，食堂車は3号車です。
　ユキコ　：ありがとう。

(イラスト7)　**アナウンス：**
　みなさま，まもなくミュンヒェン中央駅に到着いたします。

(イラスト8)　**ユキコは降りる準備をします。**
　ユキコ　：通していただけますか？　もうじき降ります。
　お客　　：どうぞ。さようなら。
　ユキコ　：よい旅を！

Information

知ってお得なドイツ情報

ドイツの列車のドアの開閉は半自動式で，開けるときにはドアのレバーを引くか，ドアの横にあるボタンを押します。閉まるときは自動で閉まります。

日本では指定席と自由席の車両は分けてありますが，ドイツではその区別はありません。予約席は座席番号横の電光掲示に区間表示されています。表示されている区分以外なら座っても大丈夫ですが，最近はシステムがハイテク化・デジタル化され，オンラインで予約が可能になりました。座る際に予約表示がなくても，途中から予約席になる可能性もあり得ます。そうなった場合は，**Sie haben Pech!**（アンラッキー），面倒ですが移動せざるを得ません。

乗り換えの際には，車掌に今，**Auf welchem Gleis kommen wir in** 地名 **an?**（自分が乗っている列車は何番ホームに到着するのか），**Von welchem Gleis fährt der Zug nach** 地名 **ab?**（乗り換える列車は何番ホームから出発するのか）と尋ねておくと便利です。尋ねる機会を逸した場合には，到着してホームに降りたら，黄色い紙の時刻表で確認しましょう。

重い荷物を抱えての電車の乗り降り（ドイツではホームより列車の方が数段高くなっているので，荷物を乗せるのは一苦労です）やホームの移動は大変ですが，ドイツ人はとても親切で，スーツケースを列車に乗せるのを手伝ったり，階段の上り下りの際に運ぶのを手伝ったりする光景がよく見られます。旅の心温まる瞬間です。

ボキャブラリー

Raucher / Nichtraucher　喫煙車両 / 禁煙車両（ドイツでは全車両禁煙）
der Liegewagen　（コンパートメントの座席が寝台になる）簡易寝台車
der Speisewagen　食堂車

Bildwörterbuch

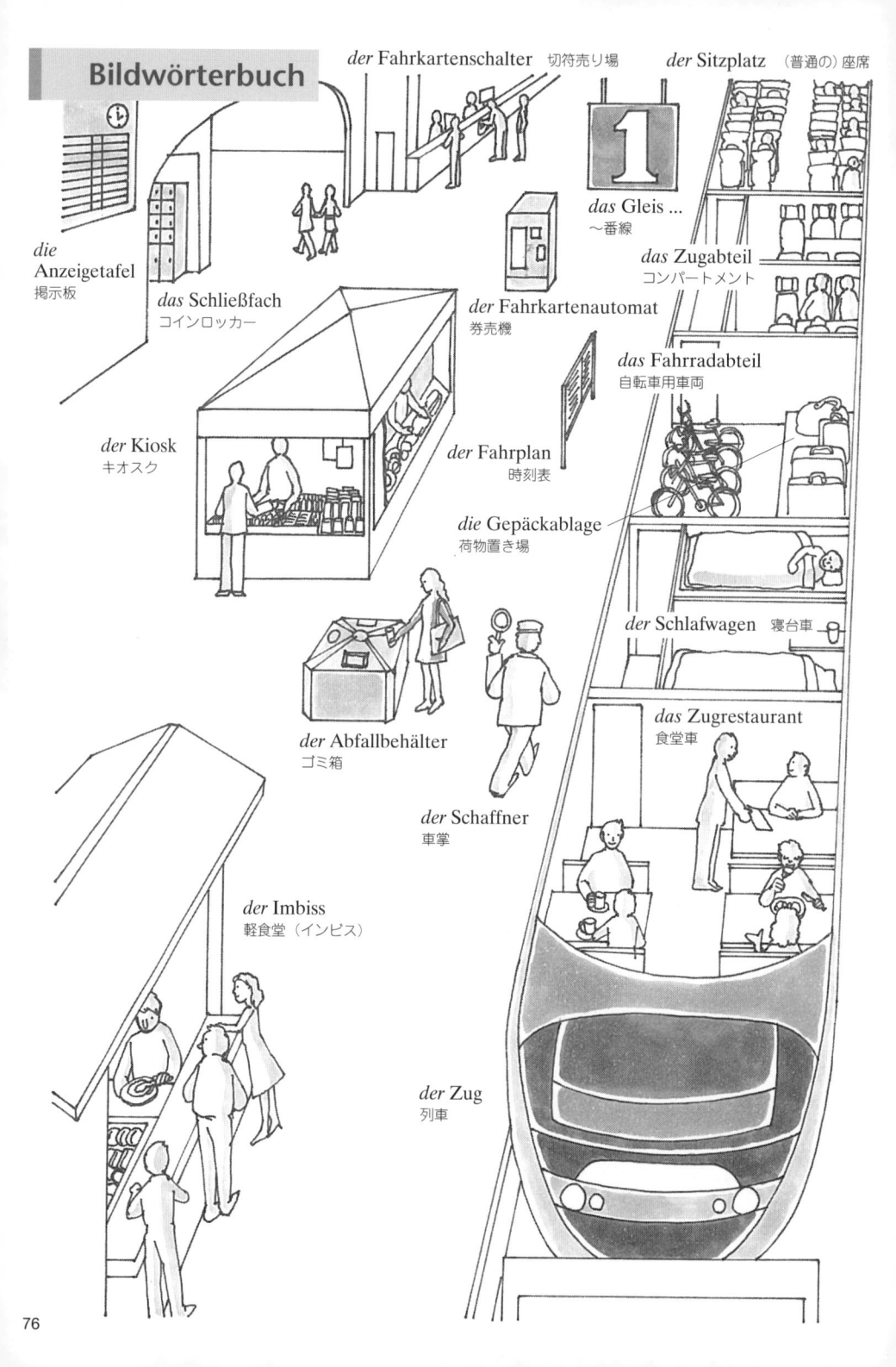

der Fahrkartenschalter 切符売り場

der Sitzplatz （普通の）座席

das Gleis ... 〜番線

das Zugabteil コンパートメント

die Anzeigetafel 掲示板

das Schließfach コインロッカー

der Fahrkartenautomat 券売機

das Fahrradabteil 自転車用車両

der Kiosk キオスク

der Fahrplan 時刻表

die Gepäckablage 荷物置き場

der Schlafwagen 寝台車

das Zugrestaurant 食堂車

der Abfallbehälter ゴミ箱

der Schaffner 車掌

der Imbiss 軽食堂（インビス）

der Zug 列車

Grammatik

前置詞

前置詞は特定の格の名詞や代名詞と結びつきます。これを前置詞の格支配と言います。

● 3 格支配の前置詞

aus	① （の中）から　② ～出身
bei	① （人を表す語とともに）～のところで　② （地名などとともに）～の近くに
mit	～と一緒に
nach	① （地名などとともに）～へ　② （時間的に）後で
seit	～以来
von	① （空間的な起点）～から　② （時点）～から　③ ～の
zu	（特定の場所や人とともに）～へ

Eine Fahrkarte nach Salzburg, bitte.　ザルツブルクまで切符を1枚。

nachの後に中性名詞の地名がくる場合は冠詞はいりません（ほとんどの地名が中性名詞です。中性名詞以外の地名には，例えば女性名詞 *die* Schweizや複数名詞 *die* USAがありますが，その場合はnachではなく，3・4格支配のinを用います）。

Die Angestellte fragt nach <u>der gewünschten Abfahrtszeit</u>.
　　　　　　　　　　　　　　　　　3格　　　　　　　　　注：fragen nach ...＞「～について尋ねる」
　　　　　　　　　　　　　　　　　　　　　　　　　　　駅員は希望の出発時刻について尋ねます。

Von <u>welchem Gleis</u> fährt der EC nach Salzburg ab?
　　　　3格　　　　　　　　　　　　　　　　ザルツブルク行きのECは何番線から出発しますか？

● 4 格支配の前置詞

durch	（空間的に）～を通って
für	～のために
gegen	① ～に反対して　② （おおよその時間）～頃
ohne	～なしで
um	① （正確な時刻）～に　② （空間的に）～のまわりに

Um wie viel Uhr möchten Sie fahren?　何時に出発なさりたいですか？
— So gegen 10.00 Uhr morgens.　朝の10時頃に。
Ein Geschenk für <u>Sie</u>.　あなたへのプレゼントです。
　　　　　　　　　4格

● 3・4 格支配の前置詞

次の9つの前置詞は意味によって3格と結びつく場合と4格と結びつく場合があります。その動作の場所を表わすときは3格，その動作の方向を表わすときは4格支配になります。

3格 = **wo**（sein, essen, warten, kaufen, stehen, liegen などの動詞とともに）
4格 = **wohin?**（gehen, fahren, steigen, stellen, legen などの動詞とともに）

an	① 〜のきわに / へ　② （時間的に）日に
auf	① 〜の上で / に　② （公共の場所）〜で / へ
hinter	〜の後ろに / へ
in	〜の中で / へ
neben	〜の隣で / へ
über	〜の上方に / へ
unter	〜の下に / へ
vor	〜の前で / へ
zwischen	〜の間に / へ

Ich gehe jetzt in <u>die Bäckerei</u>. In <u>der Bäckerei</u> kaufe ich Brot.
　　　　　　　　　　4格　　　　　　3格

　　　　　　　　　　　　私は今からパン屋に行きます。私はパン屋でパンを買います。

In <u>der Gepäckablage</u> über <u>dem Sitz</u>. 座席上方の荷物置き場に（置いておく）。
　　3格　　　　　　　　　3格

● **前置詞の融合形**

　定冠詞の中には前置詞と融合するものがあります。ただし，名詞の表す人や物を強調して「その〜」と言う必要がある場合は融合しません。

an + das = **ans**　　　an + dem = **am**
in + das = **ins**　　　in + dem = **im**
von + dem = **vom**
zu + dem = **zum**　　zu + der = **zur**

Gibt es im Zug ein Restaurant?　列車にはレストランはありますか？

Teil 4

TRACK 29-43

In der Stadt (1) 　街で(1)

1   In der Information   インフォメーションで

2   Auf der Post   郵便局で

3   Auf der Bank   銀行で

4   An der Kasse der Oper
      オペラハウスのチケット売り場で

5   In der Apotheke   薬局で

1 In der Information … インフォメーションで TRACK 29

STUFE 1 インフォメーションでのシーンです。まずは CD を聴いてみましょう。

Kann ich Ihnen helfen?

Kann ich hier einen Stadtplan bekommen?

Hier, bitte.

Was kostet der?

Der ist kostenlos.

Yukiko sucht einen Stadtplan.

Yukiko fragt nach dem Preis.

Haben Sie auch einen Veranstaltungskalender für diesen Monat?

Dort drüben liegen Veranstaltungskalender, Museumsführer und andere Informationsblätter. Nehmen Sie sich, was Sie möchten.

Yukiko sucht einen Veranstaltungskalender.

Der Angestellte zeigt Yukiko ein Regal mit Informationsmaterial.

🔑 キーセンテンス

- Kann ich Ihnen helfen?
  いらっしゃいませ。／お手伝いしましょうか？

◇ Kann ich hier *einen Stadtplan* bekommen?
 = Haben Sie *einen Stadtplan*?
  市街地図はありますか？

◇ Was kostet *der (Stadtplan)*?
 = Wie viel kostet *der (Stadtplan)*?
  それ（市街地図）はおいくらですか？

Noch eine Frage. Gibt es hier auch Stadtrundfahrten?

Ja, jeden Morgen um 10.00 Uhr und nachmittags um 15.00 Uhr.

Wie viel kostet das?

12 Euro für Erwachsene.

Yukiko erkundigt sich nach Stadtrundfahrten.

Yukiko fragt nach dem Preis.

Und wie lange dauert die Rundfahrt?

Etwa drei Stunden.

Wo fährt der Bus ab?

Vor dem Bahnhof. Sie sollten etwa 20 Minuten vor der Abfahrt dort sein.

Vielen Dank.

Yukiko fragt nach der Dauer der Fahrt.

Yukiko fragt nach dem Abfahrtsort.

In der Stadt 街で (1)

- *Der (Stadtplan)* ist kostenlos.
  = *Der (Stadtplan)* ist umsonst.
  それ（市街地図）は無料です。
- Nehmen Sie sich, was Sie möchten.
  = Bedienen Sie sich.
  お好きなものをお取りください。
- ◇ Noch eine Frage.
  もう1つ質問があります。

- *12* Euro für Erwachsene.
  大人12ユーロです。
- ◇ Wie lange dauert die Rundfahrt?
  （市内観光ツアーは）どのくらい時間がかかりますか？
- ◇ Wo fährt der Bus ab?
  バスはどこから出発しますか？

1 In der Information　　　TRACK 30

STUFE 2　今度はユキコになって，インフォメーションでいろいろ尋ねてみましょう。

Kann ich Ihnen helfen?

Hier, bitte.

Der ist kostenlos.

Yukiko sucht einen Stadtplan.

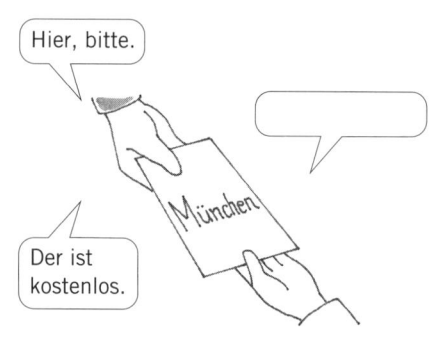

Yukiko fragt nach dem Preis.

Dort drüben liegen Veranstaltungskalender, Museumsführer und andere Informationsblätter. Nehmen Sie sich, was Sie möchten.

Yukiko sucht einen Veranstaltungskalender.

Der Angestellte zeigt Yukiko ein Regal mit Informationsmaterial.

インフォメーションで役立つ表現を覚えましょう。

応用表現

TRACK 31

- ●*8* Euro für Kinder / Senioren / Gruppen.
  子供 / 老人 / 団体は8ユーロです。
- ●jeden Tag um *10.00* Uhr　毎日10時
- ●jeden Montag um *10.00* Uhr
  毎月曜10時
- ◇Was für Sehenswürdigkeiten gibt es in der Stadt?　この町の見所は何ですか？
- ◇Was kann man hier machen?
  ここでは何ができますか？
- ◇Kostet *der Dom* Eintritt?
  大聖堂は入場料がいりますか？

Teil 4 **1** TRACK 30

Ja, jeden Morgen um 10.00 Uhr und nachmittags um 15.00 Uhr.

12 Euro für Erwachsene.

Yukiko erkundigt sich nach Stadtrundfahrten.

Yukiko fragt nach dem Preis.

Etwa drei Stunden.

Vor dem Bahnhof. Sie sollten etwa 20 Minuten vor der Abfahrt dort sein.

Yukiko fragt nach der Dauer der Fahrt.

Yukiko fragt nach dem Abfahrtsort.

In der Stadt 街で (1)

◇ Darf man das mitnehmen?
これを持っていってもいいですか？

◇ Gibt es Touren mit *japanischer* Führung?
日本語の案内付きのツアーはありますか？

◇ Haben Sie Informationsmaterial auf *Japanisch*? 日本語の情報ガイドはありますか？

◇ Wo findet *das Konzert* statt?
コンサートはどこで開催されますか？

◇ Wo kann man hier *einkaufen*?
どこで買い物ができますか？

◇ Ich möchte eine Stadtrundfahrt buchen. 市内観光に申し込みたいのですが。

◇ Könnten Sie mir einige Tagesausflüge empfehlen?
日帰りツアーのお勧めをいくつか教えてくれますか？

◇ Ist *das Museum* heute geöffnet?
今日は博物館は開いていますか？

1 インフォメーションで

(イラスト1) **ユキコは市街地図を探しています。**
インフォメーション係 ： いらっしゃいませ。
ユキコ　　　　　　　 ： 市街地図をいただけますか？

(イラスト2) **ユキコは値段を尋ねます。**
インフォメーション係 ： どうぞ。
ユキコ　　　　　　　 ： おいくらですか？
インフォメーション係 ： 無料です。

(イラスト3) **ユキコは催し物案内を探します。**
ユキコ　　　　　　　 ： 今月の催し物案内（イベントガイド）はありますか？

(イラスト4) **インフォメーション係はユキコに資料棚の場所を教えてくれます。**
インフォメーション係 ： あそこに催し物案内や博物館ガイドなどの資料が置いてあります。お好きなものをご自由にお取りください。

(イラスト5) **ユキコは市内観光ツアーについて問い合わせます。**
ユキコ　　　　　　　 ： もう1つ質問があるのですが。ここでは市内観光ツアーはありますか？
インフォメーション係 ： ええ。毎朝10時と午後15時にあります。

(イラスト6) **ユキコは値段を尋ねます。**
ユキコ　　　　　　　 ： いくらですか？
インフォメーション係 ： 大人12ユーロです。

(イラスト7) **ユキコは所要時間を尋ねます。**
ユキコ　　　　　　　 ： どのくらい時間はかかりますか？
インフォメーション係 ： 約3時間です。

(イラスト8) **ユキコは出発場所について尋ねます。**
ユキコ　　　　　　　 ： バスはどこから出ますか？
インフォメーション係 ： 駅前からです。出発時刻の20分前にはご集合ください。
ユキコ　　　　　　　 ： ありがとう。

Information

知ってお得なドイツ情報

ドイツの町々にはその町に関するいろいろな情報を集めることができるインフォメーションがあります。❶のマークの看板が目印です。インフォメーションでは無料の地図（詳しいものだと有料の場合もあります）や，その町のイベントガイド・劇場ガイド・博物館情報などの資料を手に入れることができるほか，ホテルを予約してもらったり，市内観光ツアーを予約してもらったりすることができます。

ボキャブラリー

das Schloss　城
das Denkmal　記念碑 / 記念像
der Dom　大聖堂
das Museum　博物館

die Burg　城砦
die Kirche　教会
das Kloster　修道院
die Galerie　画廊

2 Auf der Post ······ 郵便局で

TRACK 32

STUFE 1 郵便局でのシーンです。まずはCDを聴いてみましょう。

> Was kostet eine Postkarte nach Japan?

> Nach Japan? 1 Euro.

Yukiko fragt nach dem Preis für eine Postkarte nach Japan.

> Und ein Brief?

> Ab 1,70 Euro.

Yukiko fragt nach dem Preis für einen Brief.

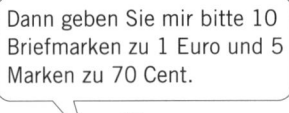

> Dann geben Sie mir bitte 10 Briefmarken zu 1 Euro und 5 Marken zu 70 Cent.

> Das macht dann 13,50 Euro.

Yukiko kauft Briefmarken.

> Und dann möchte ich noch dieses Paket schicken.

> Per Luftpost oder mit dem Schiff?

Yukiko will ein Paket aufgeben.

🔑 キーセンテンス

◇ Was kostet eine Postkarte / ein Brief nach Japan?
日本宛の葉書 / 封書はいくらですか？

◇ Dann geben Sie mir bitte *10 Briefmarken zu 1(einem) Euro und 5 Marken zu 70 Cent.*
それでは，1ユーロ切手を10枚と70セント切手を5枚ください。

Wie lange dauert es mit dem Schiff?

Etwa 6 bis 8 Wochen.

Dann lieber per Luftpost.

Yukiko fragt nach der Dauer per Schifffracht.

Yukiko entscheidet sich für Luftpost.

Gut. Füllen Sie bitte die Zollinhaltserklärung aus; Namen und Adresse des Empfängers, Absender, Inhalt und Wert.

Das Paket wiegt 3kg. Das macht 58 Euro. Zusammen mit den Briefmarken bekomme ich also 71,50 Euro.

Yukiko soll die Zollinhaltserklärung ausfüllen.

Yukiko bezahlt.

Hier, bitte.

◇ Und dann möchte ich noch dieses Paket schicken.
  = Ich möchte dieses Paket aufgeben.
  それからこの小包も送りたいんですが。

● Per Luftpost oder mit dem Schiff?
  = Auf dem Luftweg oder per Seepost?
  航空便か船便のどちらにしますか？

◇ Wie lange dauert es mit dem Schiff?
  船便はどのくらいの日数がかかりますか？

● Füllen Sie bitte die Zollinhalts-erklärung aus; Namen und Adresse des Empfängers, Absender, Inhalt und Wert.
  それでは税関申告書に、受取人の名前と住所、差出人、中身とその価値を記入してください。

● Das Paket wiegt 3kg.
  小包は3kgの重さです。

2 Auf der Post

TRACK 33

STUFE 2 今度はユキコになって，郵便局で切手を買ったり，小包を送ってみましょう。

Nach Japan? 1 Euro.

Ab 1,70 Euro.

Yukiko fragt nach dem Preis für eine Postkarte nach Japan.

Yukiko fragt nach dem Preis für einen Brief.

Per Luftpost oder mit dem Schiff?

Yukiko kauft Briefmarken.

Das macht dann 13,50 Euro.

Yukiko will ein Paket aufgeben.

郵便局で役立つ表現を覚えましょう。
応用表現

TRACK 34

◇ Haben Sie Sondermarken?
記念切手はありますか？

◇ Ich möchte ein Telegramm schicken.
電報を送りたいのですが。

◇ Ich möchte das per Eilpost schicken.
これを速達で送りたいのですが。

Teil 4 **2** TRACK 33

Etwa 6 bis 8 Wochen.

Yukiko fragt nach der Dauer per Schifffracht.

Yukiko entscheidet sich für Luftpost.

Gut. Füllen Sie bitte die Zollinhaltserklärung aus; Namen und Adresse des Empfängers, Absender, Inhalt und Wert.

Das Paket wiegt 3kg. Das macht 58 Euro. Zusammen mit den Briefmarken bekomme ich also 71,50 Euro.

Yukiko soll die Zollinhaltserklärung ausfüllen.

Yukiko bezahlt.

In der Stadt 街で (1)

◇ Es ist etwas Zerbrechliches in dem Paket.
　この小包の中には割れ物が入っています。
◇ Ich möchte ein Packset in Größe *M*.
　Mサイズの小包用ボックスをください。
◪ auf dem schnellsten Weg
　最も早い方法で

2 郵便局で

(イラスト1) **ユキコは日本宛の葉書の切手代を尋ねます。**
ユキコ　　　：　日本宛の葉書（の切手代）はいくらですか？
郵便局員　　：　日本ですか？　1ユーロです。

(イラスト2) **ユキコは封書の値段を尋ねます。**
ユキコ　　　：　封書は？
郵便局員　　：　1ユーロ70セントからです。

(イラスト3) **ユキコは切手を買います。**
ユキコ　　　：　それでは，1ユーロ切手を10枚と70セント切手を5枚ください。
郵便局員　　：　13ユーロ50セントになります。

(イラスト4) **ユキコは小包を送るつもりです。**
ユキコ　　　：　それからこの小包も送りたいんですが。
郵便局員　　：　航空便か船便のどちらにしますか？

(イラスト5) **ユキコは船便ではどのくらいの日数がかかるか尋ねます。**
ユキコ　　　：　船便だとどのくらいかかりますか？
郵便局員　　：　6週間から8週間ぐらいです。

(イラスト6) **ユキコは航空便にします。**
ユキコ　　　：　それでは航空便にします。

(イラスト7) **ユキコは税関申告書に記入するよう言われます。**
郵便局員　　：　それでは税関申告書に，受取人の名前と住所，差出人，中身とその価値を記入してください

(イラスト8) **ユキコは支払います。**
郵便局員　　：　小包は3kgの重さです。58ユーロになります。切手代と合わせて71ユーロ50セントです。
ユキコ　　　：　（お金を出しながら）どうぞ。

Information

知ってお得なドイツ情報

日本の郵便局カラーは赤ですが，ドイツの郵便局カラーは黄色でホルンのマークが目印です。郵便ポストも黄色です。

ドイツの郵便局では小包用の **Packset** いう黄色い箱を販売しています。サイズは **XS，S，M，L，XL** の5種類です。もちろん，他の箱でもかまいません。

日本への葉書は1ユーロ，封書は1ユーロ70セントからです。小包は5キロまでが58ユーロ，10キロまでが94ユーロなので何とか5キロまでに収めたいものです（2008年4月現在）。**Ich möchte zuerst wissen, wie viel das Paket wiegt.**（何キロになるか知りたいのですが）と重さを量ってもらい，何とか5キロ以内に収まるように調整するという方法もあります。

ボキャブラリー

auf dem Luftweg　空路
der Umschlag　封筒
der Briefkasten　郵便ポスト

per Seepost　船便
die Ansichtskarte　絵葉書

3 Auf der Bank ······ 銀行で

TRACK 35

STUFE 1 今度は銀行でのシーンです。まずはCDを聴いてみましょう。

Ich möchte japanische Yen in Euro wechseln.

Wie viel möchten Sie wechseln?

40.000 Yen bitte.

Yukiko möchte Geld wechseln.

Die Angestellte fragt, wie viel Geld Yukiko wechseln möchte.

Das sind 250 Euro. Bitte unterschreiben Sie den Beleg.

Geben Sie mir bitte auch etwas Kleingeld.

Kann man hier auch Reiseschecks einlösen?

Yukiko bittet um Kleingeld.

Yukiko möchte Reiseschecks einlösen.

キーセンテンス

◇ Ich möchte *japanische Yen* in *Euro* wechseln.
日本円をユーロに両替したいのですが。

● Wie viel möchten Sie wechseln?
いくら両替をご希望ですか？

● Bitte unterschreiben Sie *den Beleg / die Schecks*.
領収書／トラベラーズチェックにサインしてください。

Teil 4 ③ **TRACK 35**

Welche Währung?

Yen-Schecks.

Ja, das geht. Bitte unterschreiben Sie die Schecks.

Die Angestellte fragt nach der Währung der Schecks.

Yukiko soll die Schecks unterschreiben.

Kann ich mit meiner VISA-Karte am Automaten Geld abheben?

Ja, natürlich. Die Geldautomaten arbeiten 24 Stunden.

Könnten Sie mir bitte dabei helfen?

Aber gern.

Yukiko möchte mit ihrer Kreditkarte am Automaten Geld abheben.

Yukiko bittet die Angestellte um Hilfe.

In der Stadt 街で (1)

◇ Geben Sie mir bitte auch etwas Kleingeld.
小銭もいくらかまぜてください。

◇ Kann man hier auch Reiseschecks einlösen?
トラベラーズチェックも換金できますか？

● Welche Währung?
どの通貨ですか？

◇ Kann ich mit meiner VISA-Karte am Automaten Geld abheben?
VISAカードでATMからお金を引き出せますか？

◇ Könnten Sie mir bitte dabei helfen?
手伝っていただけますか？

3　Auf der Bank

TRACK 36

STUFE 2　今度はユキコになって，銀行で両替をしたり，T/Cを現金化したりしてみましょう。

Yukiko möchte Geld wechseln.

Wie viel möchten Sie wechseln?

Die Angestellte fragt, wie viel Geld Yukiko wechseln möchte.

Das sind 250 Euro. Bitte unterschreiben Sie den Beleg.

Yukiko bittet um Kleingeld.

Yukiko möchte Reiseschecks einlösen.

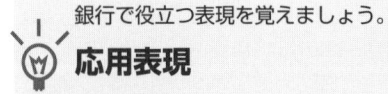

銀行で役立つ表現を覚えましょう。
応用表現
TRACK 37

◇ Wo kann man hier Reiseschecks (Travellerschecks) einlösen?
トラベラーズチェックはどこで替えられますか？

◇ Wo kann man hier Geld wechseln?
お金はどこで替えられますか？

● Reiseschecks nehmen wir hier nicht an.
トラベラーズチェックは受け付けておりません。

Teil 4 ③ **TRACK 36**

> Welche Währung?

> Ja, das geht. Bitte unterschreiben Sie die Schecks.

Die Angestellte fragt nach der Währung der Schecks.

Yukiko soll die Schecks unterschreiben.

> Ja, natürlich. Die Geldautomaten arbeiten 24 Stunden.

> Aber gern.

Yukiko möchte mit ihrer Kreditkarte am Automaten Geld abheben.

Yukiko bittet die Angestellte um Hilfe.

In der Stadt 街で (1)

- Da müssen Sie zu einer größeren Bank gehen.
  もっと大きな銀行に行ってください。
- Von welcher Bank sind die Schecks ausgestellt?
  どこの銀行で発行したトラベラーズチェックですか？
◇ Von der *ABC-Bank*.
  ABC銀行です。

◇ Wie ist der Wechselkurs von *Yen* in *Euro* heute?
  円からユーロへの今日の交換レートはどうなっていますか？

3 銀行で

(イラスト1) **ユキコは両替したいと思っています。**
ユキコ ： 日本円をユーロに両替したいのですが。

(イラスト2) **銀行員はいくら両替したいのか尋ねます。**
銀行員 ： いくら両替をご希望ですか？
ユキコ ： 4万円お願いします。

(イラスト3) **ユキコは小銭をいくらか希望します。**
銀行員 ： 250ユーロになります。領収書にサインしてください。
ユキコ ： 小銭もまぜてください。

(イラスト4) **ユキコはトラベラーズチェックも替えたいと思っています。**
ユキコ ： トラベラーズチェックも換金できますか？

(イラスト5) **銀行員はトラベラーズチェックの通貨の種類を尋ねます。**
銀行員 ： どの通貨ですか？
ユキコ ： 円建てです。

(イラスト6) **ユキコはトラベラーズチェックにサインをするよう言われます。**
銀行員 ： はい，大丈夫です。トラベラーズチェックにサインしてください。

(イラスト7) **ユキコはATM（現金自動支払機）からクレジットカードでお金を引き出したいと思っています。**
ユキコ ： VISAカードでATMからお金を引き出せますか？
銀行員 ： ええ，もちろん。ATMは24時間利用可能です。

(イラスト8) **ユキコは手伝ってくれるよう頼みます。**
ユキコ ： （引き出す際に）手伝っていただけますか？
銀行員 ： もちろんです。

Information

知ってお得なドイツ情報

最近では，気軽に円やトラベラーズチェックは替えられないようです。銀行では基本的に口座がないと替えられません。ある程度日本で替えておくか，ドイツの空港や駅に到着したときに替えるのがよいでしょう。その他の方法としては，クレジットカードや国際キャッシュカードでATMからお金を引き出す方法がありますが，その際には手数料がかかります。国際キャッシュカードは日本の口座から直接お金を引き出すシステムです。

ボキャブラリー

tauschen　両替する
Dresdner Bank　ドレスナー銀行
Commerzbank　コメルツ銀行
Sparkasse　貯蓄銀行
Deutsche Bank　ドイツ銀行
der / die Bankangestellte　銀行員

4 An der Kasse der Oper … オペラハウスのチケット売り場で　TRACK 38

STUFE 1　オペラハウスのチケット売り場のシーンです。まずは CD を聴いてみましょう。

> Ich hätte gern eine Karte für „Die Zauberflöte".

> Für heute Abend?

Yukiko geht zum Kartenschalter.

> Nein, für den 4. September. Haben Sie noch eine Karte für 30 Euro?

Yukiko bestellt eine Karte.

> Die sind leider ausverkauft. Es gibt noch Karten für 40 Euro oder für 60 Euro.

Die Verkäuferin sagt, welche Karten noch verfügbar sind.

> Dann nehme ich eine für 40 Euro.

Yukiko kauft eine Karte für 40 Euro.

🔑 キーセンテンス

◇ Ich hätte gern *eine Karte / zwei Karten* für *„Die Zauberflöte"*
　「魔笛」のチケットが１枚／２枚欲しいのですが。

◇ Für den *4. September.*
　９月４日上演のものです。

◇ Haben Sie noch eine Karte für *30 Euro?*
　30 ユーロのチケットはまだありますか？

Teil 4 ④ **TRACK 38**

"Gibt es Studentenermäßigung?"

"Natürlich. Zeigen Sie mir bitte Ihren Studentenausweis."

Yukiko fragt nach Studentenermäßigung.

"Um wie viel Uhr beginnt die Aufführung?"

"Um 19.00 Uhr."

Yukiko fragt nach der Anfangszeit.

"Und wie lange dauert die Aufführung?"

"Etwa vier Stunden. Zwischendurch sind 30 Minuten Pause."

Yukiko fragt nach der Dauer der Aufführung.

"Hier ist Ihre Karte. Viel Spaß!"

"Vielen Dank."

Yukiko bekommt ihre Karte.

● Die Karten sind leider ausverkauft.
 = Wir haben leider keine Karten mehr.
 残念ながら完売いたしました。

◇ Um wie viel Uhr beginnt die Aufführung?
 何時に上演開始ですか？

◇ Wie lange dauert die Aufführung?
 上演時間は何時間ですか？

◇ Gibt es Studentenermäßigung?
 学生割引はありますか？

In der Stadt 街で (1)

4 An der Kasse der Oper TRACK 39

STUFE 2 今度はユキコになって，オペラのチケットを購入してみましょう。

Für heute Abend?

Yukiko geht zum Kartenschalter.

Yukiko bestellt eine Karte.

Die sind leider ausverkauft. Es gibt noch Karten für 40 Euro oder für 60 Euro.

Die Verkäuferin sagt, welche Karten noch verfügbar sind.

Yukiko kauft eine Karte für 40 Euro.

応用表現

TRACK 40

◇ Was wird heute aufgeführt?
今日の演目は何ですか？

◇ Ich hätte gern *einen Aufführungsplan (ein Programm)*.
プログラムをください。

◇ Wann ist Pause? 休憩はいつですか？

◇ Wie lange dauert die Pause?
休憩はどれだけですか？

◇ Gibt es Gruppenermäßigung?
団体割引はありますか？

Teil 4 — 4 TRACK 39

Yukiko fragt nach Studentenermäßigung.

Natürlich. Zeigen Sie mir bitte Ihren Studentenausweis.

Yukiko fragt nach der Anfangszeit.

Um 19.00 Uhr.

Yukiko fragt nach der Dauer der Aufführung.

Etwa vier Stunden. Zwischendurch sind 30 Minuten Pause.

Yukiko bekommt ihre Karte.

Hier ist Ihre Karte. Viel Spaß!

In der Stadt 街で (1)

◇ Gibt es noch einen Platz (Plätze) *im Parkett / in der ersten Reihe / im ersten Rang / für Rollstuhlfahrer*?
１階席 / 最前列の席 / 階上席 / 車椅子のための席はまだありますか？

● Die Vorstellung ist ausverkauft.
公演は完売いたしました。

◇ Wo ist die Garderobe?
クロークはどこですか？

◇ Wo kann man Getränke kaufen?
飲み物はどこで買えますか？

◇ Wo darf man rauchen?
どこで喫煙できますか？

● In den Raucherzonen.
喫煙コーナーで。

◇ Entschuldigen Sie, das ist mein Platz.
すみませんが、ここは私の席です。

4 オペラハウスのチケット売り場で

(イラスト1) **ユキコはチケット売り場に行きます。**
ユキコ ： 「魔笛」のチケットが欲しいのですが。
係員　 ： 今晩の上演分ですか？

(イラスト2) **ユキコはチケットを予約します。**
ユキコ ： いいえ，9月4日上演のチケットです。30ユーロのチケットはまだありますか？

(イラスト3) **係員はどのチケットがまだ購入できるかを言います。**
係員　 ： 残念ながら（30ユーロのものは）完売いたしました。40ユーロのチケットか60ユーロのチケットならございます。

(イラスト4) **ユキコは40ユーロのチケットを購入します。**
ユキコ ： それでは，40ユーロのチケットにします。

(イラスト5) **ユキコは学生割引について尋ねます。**
ユキコ ： 学生割引はありますか？
係員　 ： もちろんです。学生証を見せてください。

(イラスト6) **ユキコは開始時間を尋ねます。**
ユキコ ： 何時に上演は始まりますか？
係員　 ： 19時です。

(イラスト7) **ユキコは上演時間を尋ねます。**
ユキコ ： 上演時間は何時間ですか？
係員　 ： 約4時間です。間に30分の休憩があります。

(イラスト8) **ユキコはチケットを受け取ります。**
係員　 ： こちらがチケットになります。大いにお楽しみください。
ユキコ ： ありがとう。

Information

知ってお得なドイツ情報

ドイツでは，オペラや芝居，バレエやコンサートのチケットを，日本よりかなりお値打ちに購入することができます。シーズンは秋から冬。ドイツの秋は湿っぽく，冬は灰色の雲がどんよりと垂れこめて寒いので，暗く沈みがちな気分を観劇や音楽で明るくしよう！ということなのかもしれません。

日本では「オペラ」というと正装で，男性はタキシードに蝶ネクタイ，女性はロングドレスを着用しなくてはならないイメージがありますが，ドイツでは若い人や旅行者でも気軽にオペラを楽しむことができ，かならずしも正装は求められません（ただし，ジーンズにトレーナーではNG です。できるだけ正装に近づくような服装を心がけましょう）。

オペラに限らず，コンサートやお芝居も全般的に日本よりもかなり安くチケットを購入することができます。ドイツに行ったら，ぜひオペラやコンサートを楽しんでみてください。

オペラハウスや劇場，コンサートホールは歴史ある建物である場合が多く，お芝居やコンサートだけでなく，建築様式も楽しむことができます。

ボキャブラリー

die Vorverkaufskarte　前売り券
die Nachmittagsaufführung　マチネ（午後の公演）
die Bühne　舞台
der Akt　幕
die Operette　オペレッタ
das Ballett　バレエ
der Logenplatz / Logenplätze　ボックス席
der Balkonplatz / Balkonplätze　バルコニー席

die Abendaufführung　夜間公演
die Zugabe　アンコール
das Orchester　オーケストラ
der Dirigent　指揮者
das Musical　ミュージカル
das Konzert　コンサート
der Stehplatz / Stehplätze　立ち見席

5 In der Apotheke ⋯⋯ 薬局で　　　TRACK 41

STUFE 1 今度は薬局のシーンです。まずは CD を聴いてみましょう。

- Guten Tag, was kann ich für Sie tun?
- Guten Tag. Ich hätte gern ein Medikament gegen Erkältung.

Yukiko braucht Medizin gegen Erkältung.

- Welche Symptome haben Sie?
- Schnupfen und starke Halsschmerzen.

Der Apotheker fragt nach den Krankheitssymptomen.

- Haben Sie auch Fieber?
- Nein, kein Fieber.

Der Apotheker fragt, ob Yukiko Fieber hat.

- Haben Sie eine Allergie?
- Ja, ich bin allergisch gegen Aspirin.

Der Apotheker fragt, ob Yukiko eine Allergie hat.

キーセンテンス

◇ Ich hätte gern ein Medikament gegen *Erkältung*.
風邪薬が欲しいのですが。

● Haben Sie Fieber?
熱はありますか？

● Haben Sie eine Allergie?
アレルギーはありますか？

Teil 4 ⑤ **TRACK 41**

> Gut, dann nehmen Sie dieses Medikament dreimal täglich nach dem Essen.

> Wie viele Tabletten soll ich nehmen?

> Jeweils eine Tablette.

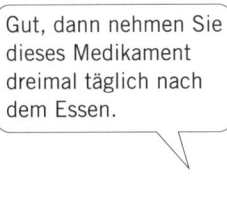

Der Apotheker gibt Yukiko ein Medikament.

Yukiko fragt, wie viele Tabletten sie nehmen soll.

> Und wie lange soll ich das Medikament nehmen?

> Bis Sie keine Beschwerden mehr haben. Aber nicht länger als eine Woche.

> Auf Wiedersehen. Und gute Besserung.

> Vielen Dank. Auf Wiedersehen.

Yukiko fragt, wie lange sie die Tabletten nehmen soll.

Yukiko verlässt die Apotheke.

In der Stadt 街で（1）

◇ Ich bin allergisch gegen *Aspirin*.
 ＝ Ich habe eine Allergie gegen *Aspirin*.
 私はアスピリンに対してアレルギーがあります。

● Bis Sie keine Beschwerden mehr haben.
 痛みがなくなるまでです。

● Nicht länger als eine Woche.
 ＝ Höchstens eine Woche.
 1週間以内の服用に留めてください。

● Gute Besserung.
 お大事に。

105

5 In der Apotheke

TRACK 42

STUFE 2 今度はユキコになって，薬局で薬を購入してみましょう。

Guten Tag, was kann ich für Sie tun?

Yukiko braucht Medizin gegen Erkältung.

Welche Symptome haben Sie?

Der Apotheker fragt nach den Krankheitssymptomen.

Haben Sie auch Fieber?

Der Apotheker fragt, ob Yukiko Fieber hat.

Haben Sie eine Allergie?

Der Apotheker fragt, ob Yukiko eine Allergie hat.

薬局で役立つ表現を覚えましょう。

応用表現

TRACK 43

- Was fehlt Ihnen?
  どうなさいましたか？
- ◇ Ich habe *Kopfschmerzen*.
  私は頭が痛いです。
- ◇ Mir ist *übel* / *schwindlich*.
  気分が悪いです / めまいがします。
- ◇ Ich bin schwanger.
  妊娠しています。
- ◇ Ich habe eine Allergie gegen *Eier* / *Penicilin*.
  卵 / ペニシリンのアレルギーがあります。

Teil 4 ⑤ **TRACK 42**

> Gut, dann nehmen Sie dieses Medikament dreimal täglich nach dem Essen.

> Jeweils eine Tablette.

Der Apotheker gibt Yukiko ein Medikament.

Yukiko fragt, wie viele Tabletten sie nehmen soll.

> Bis Sie keine Beschwerden mehr haben. Aber nicht länger als eine Woche.

> Auf Wiedersehen. Und gute Besserung.

Yukiko fragt, wie lange sie die Tabletten nehmen soll.

Yukiko verlässt die Apotheke.

In der Stadt 街で（1）

- Nehmen Sie das Medikament *vor dem Essen / vor dem Schlafen / bei Schmerzen / alle 4 Stunden*.
  食前に / 就寝前に / 痛む時に / ４時間おきにこの薬を服用してください。
- Gehen Sie lieber zum Arzt!
  医者に行かれた方がいいです（病院に行ってください）。

◇ Wo ist *eine Arztpraxis / ein Krankenhaus*?
医者（診療所）/（総合）病院はどこにありますか？

◇ Welche Apotheke hat heute *Dienst / Nachtdienst*?
どの薬局が今日の当番 / 夜間当番ですか？

◇ Ich brauche eine Quittung für meine Versicherung.
保険のために領収書が必要です。

5 薬局で

(イラスト1) **ユキコは風邪薬が必要です。**
薬剤師 ： こんにちは。いらっしゃいませ。
ユキコ ： こんにちは。風邪薬が欲しいのですが。

(イラスト2) **薬剤師は症状を尋ねます。**
薬剤師 ： どのような症状ですか？
ユキコ ： 鼻水が出て，のどがとても痛いです。

(イラスト3) **薬剤師は熱があるかどうか尋ねます。**
薬剤師 ： 熱はありますか？
ユキコ ： いいえ，熱はありません。

(イラスト4) **薬剤師はアレルギーがあるかどうか尋ねます。**
薬剤師 ： アレルギーはありますか？
ユキコ ： はい。アスピリンに対してアレルギーがあります。

(イラスト5) **薬剤師はユキコに薬を渡します。**
薬剤師 ： それでは日に3回，食後にこの薬を服用してください。

(イラスト6) **ユキコは何錠服用するのか尋ねます。**
ユキコ ： 薬は何錠服用すればいいですか？
薬剤師 ： 毎回1錠です。

(イラスト7) **ユキコはどれだけの期間，薬を服用しなくてはならないかを尋ねます。**
ユキコ ： どれだけの間，薬を服用すればいいですか？
薬剤師 ： 痛みがなくなるまでです。ただし1週間以内の服用に留めてください。

(イラスト8) **ユキコは薬局を出ます。**
薬剤師 ： さようなら。お大事になさってください。
ユキコ ： ありがとう。さようなら。

Information

知ってお得なドイツ情報

ドイツの薬局は**A**の看板が目印です。体調が悪いときにはまずは**A**の看板を目指して薬局に行きましょう。薬剤師（*der* Apotheker / *die* Apothekerin）さんが専門知識を駆使して適切なアドバイスをしてくれます。医者に行く必要があると判断した場合には近くの医者を教えてくれるはずです。

日本では病院で処方された薬は必要な日数分だけ購入する仕組みになっていますが、ドイツでは未開封のまま、箱単位でしか購入することができません。医者に指示された必要な日数だけ服用した後は、説明書の指示に従って廃棄するか、使用期限内に再度使用するかします。また、日本では粉薬が処方されることがありますが、ドイツではあまり見かけません。薬は錠剤かカプセルであることが多いようです。ドイツでは休日や夜間も必ず開いている薬局があります。どこの薬局が休日当番あるいは夜間当番かは新聞にも載っています。緊急の場合には心強いシステムです。

ボキャブラリー

die Kopfschmerzen *(pl.)* 頭痛
die Ohrenschmerzen *(pl.)* 耳の痛み
die Bauchschmerzen *(pl.)* 腹痛
der Durchfall 下痢
der Husten 咳
die Grippe インフルエンザ
die Schnittwunde 切り傷

die Zahnschmerzen *(pl.)* 歯痛
die Augenentzündung 目の炎症
die Rückenschmerzen *(pl.)* 腰痛
die Verstopfung 便秘
der Schnupfen 鼻風邪
der Heuschnupfen 花粉症
der Knochenbruch 骨折

der Bereitschaftsarzt / *die* Bereitschaftsärztin 救急医
der Krankenwagen 救急車
das Rezept 処方箋
der Frauenarzt / *die* Frauenärztin 婦人科医
der Hals-, Nasen-, Ohrenarzt / *die* Hals-, Nasen-, Ohrenärztin 耳鼻咽喉科医
der Augenarzt / *die* Augenärztin 眼科医
der Hautarzt / *die* Hautärztin 皮膚科医
der Internist / *die* Internistin 内科医
der Psychotherapist / *die* Psychotherapistin 心理カウンセラー

die Sprechstunde 診察時間
die Krankenversicherung 疾病保険

der Zahnarzt / *die* Zahnärztin 歯科医
der Kinderarzt / *die* Kinderärztin 小児科医
der Chirurg / *die* Chirurgin 外科医

Bildwörterbuch

die Bank
銀行

der Geldautomat
ATM現金自動支払機

der Bankangestellte /*die* Bankangestellte
銀行員

der Schalter
窓口

die Kasse
受払い窓口

das Packset
小包セット

die Post
郵便局

der Briefkasten
郵便ポスト

die Apotheke
薬局

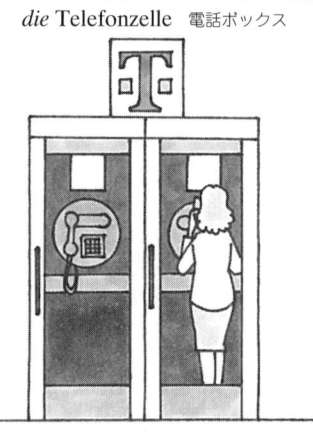

die Telefonzelle　電話ボックス

Grammatik

指示代名詞

　指示代名詞は①直前の名詞を指したり，②同一語の反復を避けるために用いられます。人称代名詞よりも強く，人物・事物を指し示します。口語では人称代名詞よりも指示代名詞が使われる傾向にあるようです。

	男性	女性	中性	複数
1格	der	die	das	die
2格	dessen	deren	dessen	deren
3格	dem	der	dem	denen
4格	den	die	das	die

　Kann ich hier einen Stadtplan bekommen?　市街地図をいただけますか？
　Was kostet *der*?　それはおいくらですか？
　—*Der* ist kostenlos.　無料です。

●指示代名詞の das

　das には中性名詞の定冠詞の das の他に，名詞の性に関係なく「それは」という意味で用いられる指示代名詞の das があります。

　Was ist *das*?　　　　　　　　これは何ですか？
　—*Das* ist ein Kugelschreiber.　それはボールペンです。
　Das ist Peter.　　　　　　　こちらはペーターです。
　Wie viel kostet *das*?　　　　それはおいくらですか？

不定代名詞

① man

　漠然と人を表すときには不定代名詞 man が用いられます。日本語に訳す必要のない場合が多いと考えてください。man は er で言い換えることはできません。

　Kann *man* hier auch Reiseschecks einlösen?　トラベラーズチェックも換金できますか？

1格	man
2格	(eines)
3格	einem
4格	einen

② einer

　einer は「一人」とか「ひとつ」という意味で用います。einer の否定形は keiner，複数形は welche です。

	男性	女性	中性	複数
1格	einer	eine	eins	welche
2格	—	—	—	—
3格	einem	einer	einem	welchen
4格	einen	eine	eins	welche

不定代名詞のeinerは前にある名詞（たいていは不定冠詞がついています）を受けます。

Es gibt noch Karten für 40 Euro oder für 60 Euro.
　　　　　　　　　　　　　　　　　もう40ユーロと60ユーロのチケットしかありません。
　—Dann nehme ich *eine* für 40 Euro.　それでは40ユーロのチケットにします。
　　= eine Karte

Hast du einen <u>Computer</u>?　　　コンピュータを持っているかい？
　— Ja, ich habe *einen*.　　　　　うん，持ってるよ。
　　= einen Computer

Sind schon <u>Zuschauer</u> da?　　　もう観客は来てますか？
　— Ja, es sind *welche* hier.　　　はい，（1人ではなくて）何人かは来ています。
　　= Zuschauer

Teil 5

TRACK 44-49

In der Stadt (2) 街で (2)

1. **Ein Taxi nehmen** タクシーに乗る
2. **Nach dem Weg fragen** 道を尋ねる

1 Ein Taxi nehmen ····· タクシーに乗る　　TRACK 44

STUFE 1 タクシーに乗るシーンです。まずはCDを聴いてみましょう。

- Hallo, sind Sie frei?
- Ja, bitte. Steigen Sie ein.

Am Taxistand.

- Ich habe auch Gepäck.
- Ich stelle es in den Kofferraum.

Yukiko zeigt ihr Gepäck.

- Wohin möchten Sie?
- Zum Hotel „Am Main".

Der Fahrer fragt nach dem Fahrziel.

- Ist das in der Ulmenallee?
- Ja, richtig. Ulmenallee 38.

Der Fahrer überprüft die Adresse.

キーセンテンス

◇ Sind Sie frei?
空いてますか？

◇ Ich habe auch Gepäck.
荷物もあります。

● Wohin möchten Sie?
 = Wohin soll ich Sie fahren?
どちらまで（行きますか）？

◇ Wie lange dauert es etwa?
どのくらい時間がかかりますか？

Teil 5　1　TRACK 44

Wie lange wird es etwa dauern?

Ungefähr 20 Minuten.

So, wir sind da.

Wie viel macht das?

Yukiko fragt nach der Fahrtdauer. 　　　Yukiko fragt nach dem Preis.

26,70 Euro.

28 Euro. Der Rest ist für Sie.

Vielen Dank.

Yukiko bezahlt.

- Wir sind da.
  着きました。
◇ Wie viel macht das?
  おいくらですか？

1 Ein Taxi nehmen　　　TRACK 45

STUFE 2　今度はユキコになって，タクシーに乗ってみましょう。

Ja, bitte. Steigen Sie ein.

Ich stelle es in den Kofferraum.

Am Taxistand.

Yukiko zeigt ihr Gepäck.

Wohin möchten Sie?

Ist das in der Ulmenallee?

Der Fahrer fragt nach dem Fahrziel.

Der Fahrer überprüft die Adresse.

タクシーに乗る際に役立つ表現を覚えましょう。

応用表現

TRACK 46

◇ Fahren Sie mich bitte zu dieser Adresse. この住所までお願いします。

◇ Darf ich rauchen?
たばこを吸ってもいいですか？

◇ Machen Sie bitte das Fenster auf.
窓を開けてください。

◇ Schalten Sie bitte *das Radio / die Heizung / die Klimaanlage* aus / an.
ラジオ / 暖房 / エアコン（のスイッチ）を切って / 入れてください。

◇ Ich habe es eilig.
急いでいます。

Teil 5 — 1 — TRACK 45

Ungefähr 20 Minuten.

Yukiko fragt nach der Fahrtdauer.

So, wir sind da.

Yukiko fragt nach dem Preis.

26,70 Euro.

Vielen Dank.

Yukiko bezahlt.

◇ Was kostet es etwa bis *zum Bahnhof*?
駅までいくらくらいかかりますか？

◇ Haben Sie einen Kindersitz im Wagen?
チャイルドシートはありますか？

◇ Halten Sie bitte hier an.
ここで停まってください。

● Bitte schnallen Sie sich an.
シートベルトを締めてください。

◇ Eine Quittung bitte.
領収書をください。

(Am Telefon) 電話で

◇ Ein Taxi *zur Goethestraße 12* bitte, für *Yamada*.
ゲーテ通り12番地まで山田のためにタクシーをお願いします。

◇ Wann wird das Taxi etwa hier sein?
タクシーはどのくらいでここに着きますか？

In der Stadt 街で (2)

1

タクシーに乗る

- イラスト1　**タクシー乗り場**
  - ユキコ　　　　：空いていますか？
  - タクシー運転手：ええ，お乗りください。

- イラスト2　**ユキコは荷物を示します。**
  - ユキコ　　　　：荷物があるんですが。
  - タクシー運転手：私がトランクに乗せます。

- イラスト3　**運転手が行き先を尋ねます。**
  - タクシー運転手：どちらまで？
  - ユキコ　　　　：アム・マイン・ホテルまで。

- イラスト4　**運転手は住所を確認します。**
  - タクシー運転手：ウルメンアレーの（ホテル）ですか？
  - ユキコ　　　　：そうです。ウルメンアレー38です。

- イラスト5　**ユキコは所要時間を尋ねます。**
  - ユキコ　　　　：だいたいどのくらいかかりますか？
  - タクシー運転手：20分くらいです。

- イラスト6　**ユキコは料金を尋ねます。**
  - タクシー運転手：さあ，着きましたよ。
  - ユキコ　　　　：おいくらですか？

- イラスト7　**ユキコは払います。**
  - タクシー運転手：26ユーロ70セントです。
  - ユキコ　　　　：28ユーロで。おつりは取っておいてください。
  - タクシー運転手：どうもありがとうございます。

Information

知ってお得なドイツ情報

ドイツでは、流しのタクシーはありません。空車の表示が出ていれば、手を上げて拾うことは可能ですが、基本的には駅前広場などの **Taxistand**（タクシー乗り場）で乗車します。電話で呼ぶこともできます。ほとんどのタクシーがクリーム色をしています。この色はタクシーにのみ使用が許されており、タクシー以外の乗用車でこの色の車はありません。

タクシーのドアは日本のように自動ドアではありません。いくら待ってもドアは開きませんから、自分で開け閉めしてください。

ドイツのタクシーは日本のタクシーと同じように基本的に安全で、ほとんどのタクシーにメーターがついていますから、法外な金額を要求されるということはまずないと思って大丈夫です。

支払いの際にはチップを渡します。端数を切り上げて渡すのが一般的です。例えば10ユーロ80セントであれば、12ユーロを渡して **Stimmt so.**（おつりは取っておいてください）と言います。あるいは20ユーロ紙幣しかない場合には **20 Euro. Geben Sie mir 8 Euro zurück.**（20ユーロで。8ユーロおつりをください）と言います。

ボキャブラリー

der Taxifahrer / *die* Taxifahrerin　タクシーの運転手
der Taxometer　タクシーの料金メーター

2 Nach dem Weg fragen …… 道を尋ねる　**TRACK 47**

STUFE 1 道を尋ねるシーンです。まずはCDを聴いてみましょう。

> Entschuldigung, ich bin fremd hier. Wie komme ich zur Post?

> Gehen Sie hier geradeaus, dann die zweite Straße nach rechts.

Yukiko fragt nach dem Weg zur Post.

> Also, erst geradeaus, dann die zweite Straße nach rechts. Richtig?

> Richtig. Die Post ist auf der linken Seite.

Yukiko wiederholt die Wegbeschreibung.

> Und wo gibt es hier eine Bank?

> Neben dem Rathaus ist eine Bank.

Yukiko fragt, wo es eine Bank gibt.

> Kann man da zu Fuß hingehen?

> Ja, das ist nicht so weit.

Yukiko fragt, ob man zu Fuß zur Bank gehen kann.

キーセンテンス

◇ Entschuldigung, ich bin fremd hier.
　＝Ich bin nicht von hier.
　＝Ich kenne mich hier nicht aus.
　　この辺りは不案内です。

◇ Wie komme ich *zur Post*?
　郵便局へはどうやって行けばいいんですか？

● Gehen Sie hier geradeaus, dann die *zweite* Straße nach *rechts*.
　ここをまっすぐに行って，2つめの通りを右に曲がってください。

● *Die Post* ist auf der *linken* Seite.
　郵便局は左側にあります。

Teil 5 – 2 – TRACK 47

> Gehen Sie immer geradeaus bis zur Kirche und dann an der Ampel nach links. An der dritten Kreuzung gehen Sie nach rechts und dann gleich wieder nach links.

> Das habe ich nicht verstanden. Können Sie mir das bitte auf dem Stadtplan zeigen?

Der Passant erklärt den Weg zur Bank.

Yukiko bittet um eine Wegbeschreibung auf dem Stadtplan.

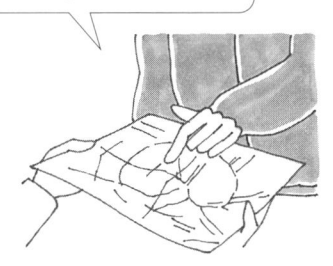

> Also, wir sind jetzt hier. Dort ist das Rathaus. Gleich daneben gibt es eine Bank.

> Wie lange dauert es etwa zu Fuß?

> Na ja, ungefähr 15 Minuten.

> Vielen Dank.

Der Passant erklärt den Weg auf dem Stadtplan.

Yukiko fragt, wie lange es bis zur Bank dauert.

In der Stadt 街で(2)

◇ Und wo gibt es hier *eine Bank*?
この辺で銀行はどこにありますか？

◇ Kann man da zu Fuß hingehen?
そこまで歩いていけますか？

● Das ist nicht so weit.
そんなに遠くはありません。

◇ Das habe ich nicht verstanden.
よく理解できませんでした。

◇ Können Sie mir das bitte auf dem Stadtplan zeigen?
地図で教えていただけますか？

● Wir sind jetzt hier.
私たちは今ここにいます。

◇ Wie lange dauert es zu Fuß etwa?
歩いてどのくらいかかりますか？

2 Nach dem Weg fragen

TRACK 48

STUFE 2 今度はユキコになって，道を尋ねてみましょう。

Gehen Sie hier geradeaus, dann die zweite Straße nach rechts.

Richtig. Die Post ist auf der linken Seite.

Yukiko fragt nach dem Weg zur Post.

Yukiko wiederholt die Wegbeschreibung.

Neben dem Rathaus ist eine Bank.

Ja, das ist nicht so weit.

Yukiko fragt, wo es eine Bank gibt.

Yukiko fragt, ob man zu Fuß zur Bank gehen kann.

道を尋ねる際に役立つ表現を覚えましょう。

応用表現

TRACK 49

- Das ist ziemlich weit.
  かなり遠いです。

- Nehmen Sie *den Bus* / *die U-Bahn* / *die Straßenbahn*.
  バス／地下鉄／路面電車に乗ってください。

◇ Können Sie mir das bitte *aufschreiben* / *aufmalen*?
  書いて／描いていただけますか？

◇ Können Sie mir bitte auf dem Plan zeigen, wo wir jetzt sind?
  今，私たちがどこにいるのか地図で示していただけますか？

Teil 5 **2** **TRACK 48**

Gehen Sie immer geradeaus bis zur Kirche und dann an der Ampel nach links. An der dritten Kreuzung gehen Sie nach rechts und dann gleich wieder nach links.

Der Passant erklärt den Weg zur Bank.

Yukiko bittet um eine Wegbeschreibung auf dem Stadtplan.

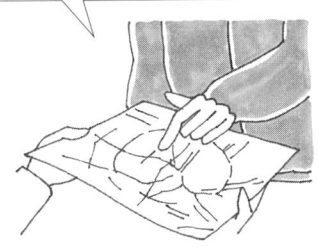

Also, wir sind jetzt hier. Dort ist das Rathaus. Gleich daneben gibt es eine Bank.

Na ja, ungefähr 15 Minuten.

Der Passant erklärt den Weg auf dem Stadtplan.

Yukiko fragt, wie lange es bis zur Bank dauert.

In der Stadt 街で(2)

◇ Wo ist *der* nächste *Supermarkt*?
最寄りのスーパーはどこですか？

◇ Sprechen Sie bitte langsamer.
もう少しゆっくり話してください。

◇ Wiederholen Sie das bitte noch einmal.
もう一度言ってください。

● Biegen Sie nach *rechts* / *links* ab.
右に / 左に曲がってください。

● Überqueren Sie die Straße.
通りを渡ってください。

◇ Ich habe mich verlaufen.
道に迷ってしまいました。

◇ Ist dies der richtige Weg *zur Post*?
これは郵便局への道であっていますか？

2 道を尋ねる

- イラスト1　**ユキコは郵便局までの道を尋ねます。**
  ユキコ　：　すみません，この辺りは不案内なんですが，郵便局へはどうやって行けばいいんですか？
  通行人　：　ここをまっすぐに行って，2つめの通りを右に曲がってください。

- イラスト2　**ユキコは道順を復唱します。**
  ユキコ　：　まずはまっすぐに行って，それから2つめの通りを右ですね？
  通行人　：　そのとおり。郵便局は左側にあります。

- イラスト3　**ユキコは銀行がどこにあるのか尋ねます。**
  ユキコ　：　この辺で銀行はどこにありますか？
  通行人　：　市庁舎の隣にありますよ。

- イラスト4　**ユキコは銀行まで歩いていけるかどうか尋ねます。**
  ユキコ　：　そこまで歩いていけますか？
  通行人　：　ええ，そんなに遠くないですよ。

- イラスト5　**通行人は銀行までの道を説明します。**
  通行人　：　教会までここをまっすぐに行って，信号を左に曲がってください。3つめの交差点を右に曲がってまたすぐに左に曲がってください。

- イラスト6　**ユキコは道順を地図上で教えてくれるよう頼みます。**
  ユキコ　：　よく理解できませんでした。地図で教えていただけますか？

- イラスト7　**通行人は地図上で道を説明します。**
  通行人　：　私たちは今ここにいます。ここが市庁舎です。そのすぐ隣に銀行があります。

- イラスト8　**ユキコは銀行までどのくらいかかるか尋ねます。**
  ユキコ　：　歩いてどのくらいかかりますか？
  通行人　：　まあ，15分くらいです。
  ユキコ　：　ありがとうございます。

Information

知ってお得なドイツ情報

日本では外国人に道を尋ねる人は少ないと思います。でもドイツで道を尋ねられたという話はよく耳にします。ドイツでは，外国人が住んでいることは当たり前なので，道を尋ねる際も外国人であるからといって躊躇したりしないのかもしれません。日本では「相手が日本語を理解できなかったらどうしよう？」「英語は苦手だ」などという気持ちがどうしても働きますが，ドイツ人は「外国人であってもドイツ語を話して当たり前，少なくとも英語は通じるだろう」と考えているようです。

ドイツの町の住所はすべて「通りの名前と番地」になっているので，捜すのはとても簡単です。通りが始まる角の建物にはその通りの名前を書いたプレートがかかっています。番地は片側が奇数，反対側が偶数の1つおきの番号になっています。

ボキャブラリー

die Gasse　路地
der Fluss　川
der Park　公園
die Straßenbahnhaltestelle　路面電車の停留所
der Sportplatz　運動場
die Polizeiwache　交番

die Allee　並木道
die Brücke　橋
der U-Bahn-Eingang　地下鉄の入り口
die öffentliche Toilette　公衆トイレ
das Stadion　スタジアム
die Feuerwache　消防署

geradeaus （まっすぐ）
auf der linken Seite （左側に）
auf der rechten Seite （右側に）
die zweite Straße （2本目の通り）
an der Kreuzung （交差点で）
die erste Straße （1本目の通り） / die nächste Straße （次の通り）
links ← （左に）　→ rechts （右に）
der Standort （現地点）

Bildwörterbuch

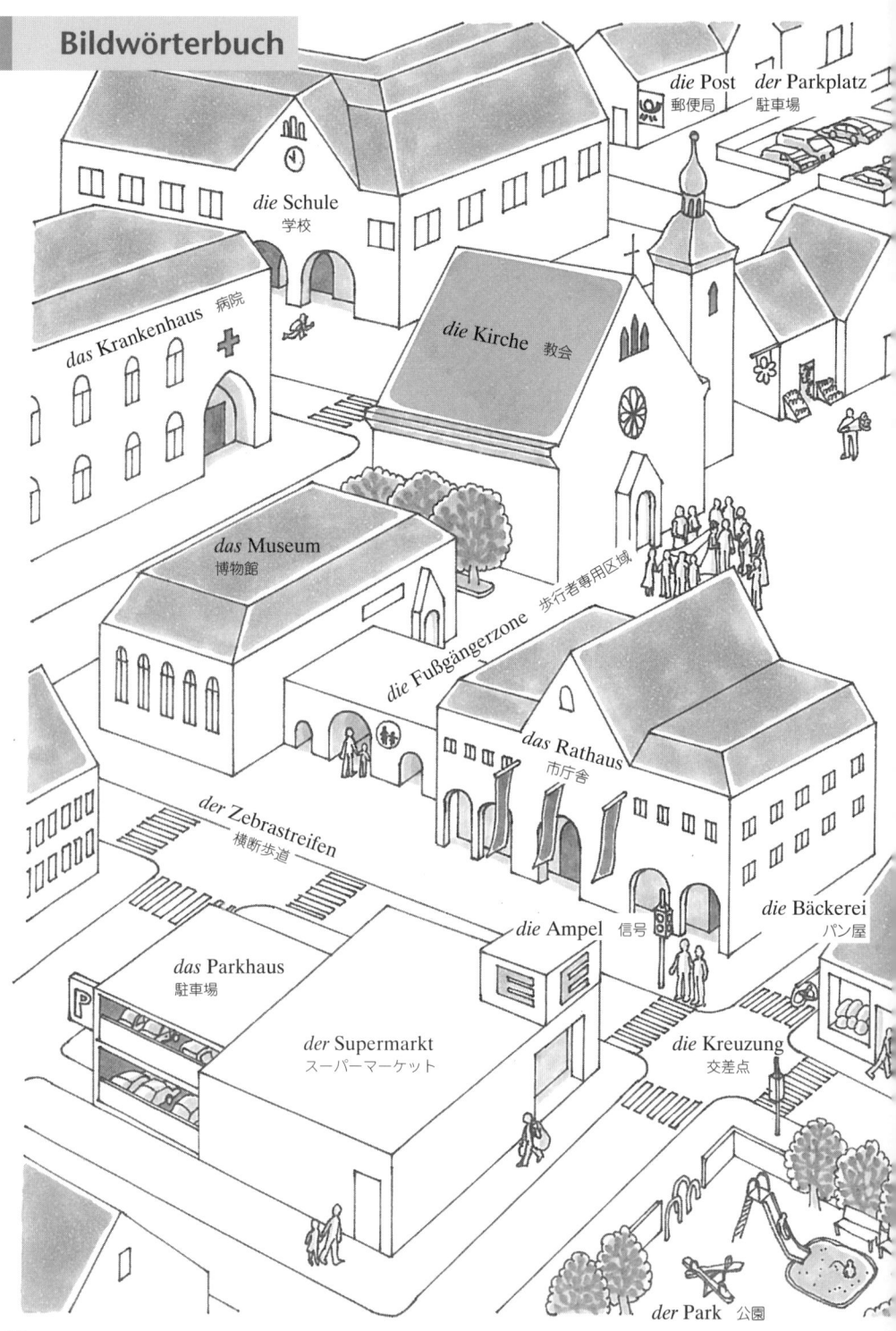

- *die* Post 郵便局
- *der* Parkplatz 駐車場
- *die* Schule 学校
- *das* Krankenhaus 病院
- *die* Kirche 教会
- *das* Museum 博物館
- *die* Fußgängerzone 歩行者専用区域
- *das* Rathaus 市庁舎
- *der* Zebrastreifen 横断歩道
- *die* Ampel 信号
- *die* Bäckerei パン屋
- *das* Parkhaus 駐車場
- *die* Kreuzung 交差点
- *der* Supermarkt スーパーマーケット
- *der* Park 公園

der Bahnhof 駅

der Taxistand タクシー乗り場

die Touristinformation ツーリストインフォメーション

der U-Bahn-Eingang 地下鉄の入口

die Bushaltestelle バス停

die Imbissbude 軽食堂，インビス

das Café カフェ

die Drogerie ドラッグストア

der Brunnen 噴水

die Bank 銀行

der Marktplatz マルクト広場

die Buchhandlung 本屋

das Kino 映画館

das Schuhgeschäft 靴屋

die Metzgerei 肉屋

In der Stadt 街で (2)

Grammatik

定冠詞か不定冠詞か？

Wie komme ich zur Post? 郵便局へはどのように行けばいいですか？
ここでは zu der Post と定冠詞が用いられています。
Wo gibt es hier eine Bank?
今度は eine Bank，不定冠詞です。

　どのような場合に定冠詞を使い，どのような場合に不定冠詞を使うのでしょうか？ドイツ語圏では基本的に郵便局（*die* Post）は町に1つ（大きな町の場合は地区に1つ）です。その場合はどの郵便局なのか限定されるので定冠詞を用います。郵便局以外にも市庁舎（*das* Rathaus）や大学（*die* Universität），マルクト広場（*der* Marktplatz），博物館（*das* Museum），中央駅（*der* Hauptbahnhof）など，各町に1つしかないものについては定冠詞を用います。
　一方，銀行は町に1つとは限りません。その他，スーパー（*der* Supermarkt）やレストラン（*das* Restaurant），カフェ（*das* Café），キオスク（*der* Kiosk）など複数存在するものについては不定冠詞を用います。また Wo gibt es hier + 4格？という表現を使う場合は，この4格のところには不定冠詞のつく名詞を入れるのが一般的です。

Teil 6

TRACK 50-58

Im Restaurant   レストランで

------

1. **Bestellen**　注文

2. **Bezahlen**　支払い

3. **Im Café**　カフェで

1　Bestellen …… 注文

TRACK 50

STUFE 1　レストランでの注文のシーンです。まずは CD を聴いてみましょう。

> Guten Abend! Hier bitte, die Speisekarte.

Die Kellnerin bringt die Speisekarte.

Ein bisschen später ...

> Was möchten Sie trinken?

Die Kellnerin nimmt die Getränkebestellung auf.

> Ich möchte ein Glas Weißwein.

> Ich nehme eine Flasche Mineralwasser.

Thomas und Yukiko bestellen die Getränke.

> Und was möchten Sie essen?

Die Kellnerin nimmt die Essensbestellung auf.

キーセンテンス

- Was möchten Sie trinken / essen?
  飲み物 / 食べ物は何になさいますか？

  = Haben Sie gewählt?
  Was bekommen Sie?
  Was möchten Sie?
  Was darf ich Ihnen bringen?
  ご注文は何になさいますか？

- Ich nehme eine Flasche Mineralwasser.
  （私には）ミネラルウォーターを1瓶ください。

  = Ich hätte gern + [4格].
  Ich möchte + [4格].
  Für mich bitte + [4格].
  私は〜を注文します。

Teil 6 **1** **TRACK 50**

Ich hätte gern eine Zwiebelsuppe und ein Wiener Schnitzel mit Kartoffelsalat.

Und für mich bitte einen Sauerbraten mit Knödeln und Rotkohl.

Yukiko bestellt das Essen.

Thomas bestellt das Essen.

Könnte ich statt Knödeln auch Pommes frites bekommen?

Ja, natürlich.

So, bitte schön. Guten Appetit!

Thomas ändert seine Bestellung.

Die Kellnerin bringt das Essen.

- Guten Appetit!
  = Lassen Sie es sich schmecken!
  おいしく召し上がれ！

◇ Könnte ich statt *Knödeln* auch *Pommes frites* bekommen?
クネーデルの代わりにフライドポテトにすることはできますか？

- Ja, natürlich. ⇔ Tut mir leid, das geht nicht.
  ええ，もちろん。   残念ながらできません。

Im Restaurant レストランで

1 Bestellen

TRACK 51

STUFE 2 今度はユキコやトーマスになって，料理や飲み物を注文してみましょう．

Ein bisschen später ...

Guten Abend! Hier bitte, die Speisekarte.

Was möchten Sie trinken?

Die Kellnerin bringt die Speisekarte.

Die Kellnerin nimmt die Getränkebestellung auf.

Und was möchten Sie essen?

Thomas und Yukiko bestellen die Getränke.

Die Kellnerin nimmt die Essensbestellung auf.

応用表現

レストランで役立つ表現を覚えましょう．

TRACK 52

◇ Bitte warten Sie noch einen Moment.
（注文がまだ決まっていない時に）もう少し待ってください．

◇ Ich möchte dies.
（指でメニューを示して）これにします．

◇ Was können Sie empfehlen?
お勧めは何ですか？

Yukiko bestellt das Essen.

Thomas bestellt das Essen.

Ja, natürlich.

Thomas ändert seine Bestellung.

So, bitte schön. Guten Appetit!

Die Kellnerin bringt das Essen.

◇ Was ist die Spezialität des Hauses?
  店の自慢料理は何ですか？

◇ Haben Sie ein Tagesmenü?
  日替わり定食はありますか？

◇ Haben Sie etwas Vegetarisches?
  ベジタリアン料理はありますか？

◇ Bringen Sie mir bitte *Salz / Pfeffer*.
  塩／こしょうをください。

◇ Ist das mit *Ei / Milch*?
  卵／牛乳は入っていますか？

Im Restaurant レストランで

1 注　文

(イラスト1)　ウェートレスがメニューを持ってきます。
　　　　　　ウェートレス：こんばんは。メニューをどうぞ。

　　　　　　しばらくして…

(イラスト2)　ウェートレスが飲み物の注文を取ります。
　　　　　　ウェートレス：飲み物は何になさいますか？

(イラスト3)　トーマスとユキコは飲み物を注文します。
　　　　　　ユキコ　　　：私には白ワインをグラスでください。
　　　　　　トーマス　　：僕にはミネラルウォーターをください。

(イラスト4)　ウェートレスが料理の注文を取ります。
　　　　　　ウェートレス：お食事は何になさいますか？

(イラスト5)　ユキコが注文します。
　　　　　　ユキコ　　　：私はオニオンスープとウィーン風カツレツ，ポテトサラダ添えにします。

(イラスト6)　トーマスが注文をします。
　　　　　　トーマス　　：僕にはザウアーブラーテン（牛肉の赤ワイン煮込み），クネーデル（じゃがいも団子）と紫キャベツ添えをください。

(イラスト7)　トーマスはつけ合わせを変更できるかウェートレスに確認します。
　　　　　　トーマス　　：クネーデルの代わりにフライドポテトにすることはできますか？
　　　　　　ウェートレス：ええ，もちろんでございます。

(イラスト8)　ウェートレスが料理を持ってきます。
　　　　　　ウェートレス：さあ，どうぞ。おいしくお召し上がりください！

Information

知ってお得なドイツ情報

ウェーターやウェートレスを呼ぶ際，最近では **Herr Ober! / Fräulein!** という表現はあまり使われなくなっています。**Bitte!** とか **Entschuldigung!**，あるいは **Bedienung!** というのが一般的です。テーブルは担当制になっているので，できるだけ最初に注文を取りにきたウェーターやウェートレスを呼ぶようにしましょう。

日本では，席に着くと当然のように水とお絞りが出てきますが，ドイツでは出てきません。水が飲みたい場合はメニューにありますから注文してください（もちろん無料ではありません！）。ただし，ドイツの水は **Kohlensäure**（炭酸）入りなので，炭酸抜きの水が欲しい場合は **Ein stilles Wasser, bitte!** と注文します。

ボキャブラリー

Vorspeisen 前菜
Kalte Gerichte 冷たい料理
Suppen スープ
Salate サラダ
Hauptgerichte メインディッシュ
Fischgerichte 魚料理
Fleischgerichte 肉料理
Nudelgerichte パスタ料理
Aufläufe グラタン / スフレ
Vegetarische Gerichte ベジタリアン料理
Beilagen つけ合わせ
Nachspeisen / Desserts デザート
Eisbecher パフェ
Spirituosen スピリッツ（アルコール度の高い酒）
Alkoholfreie Getränke ノンアルコールドリンク
Warme Getränke 温かい飲み物
Weine ワイン
※メニューでは複数形

mit / ohne Sahne 生クリームつき／なし
Zucker 砂糖
Milch ミルク
Eis 氷
Ketchup ケチャップ
Senf からし
Mayonaise マヨネーズ

gebraten 焼いた
gegrillt グリルした
überbacken （軽く焦げ目がつく程度に）オーブンで焼いた
gedämpft 蒸した
mariniert マリネした
geschmort とろとろと煮た
gekocht ゆでた
gefüllt 詰め物をした
roh 生の
geräuchert 燻製にした
frittiert 揚げた
nach ... Art ～風の

2 Bezahlen …… 支払い

TRACK 53

STUFE 1 レストランでの支払いのシーンです。まずはCDを聴いてみましょう。

> Hat es Ihnen geschmeckt?
>
> Ja, sehr gut.

Nach dem Essen.

> Möchten Sie noch ein Dessert oder einen Kaffee?
>
> Nein, danke.

Die Kellnerin fragt, ob sie noch etwas bestellen möchten.

> Wir möchten dann jetzt bezahlen.

Thomas und Yukiko möchten bezahlen.

> Zusammen oder getrennt?
>
> Getrennt, bitte.

Thomas bittet um getrennte Rechnung.

キーセンテンス

◇ Wir möchten bezahlen.
 = Zahlen, bitte.
   Die Rechnung, bitte
   お勘定をお願いします。

● Zusammen oder getrennt?
   支払いはご一緒ですか，それとも別々ですか？

Thomas sagt, was er bezahlt.

> Den Sauerbraten und das Mineralwasser.
> Was bezahlen Sie?

Thomas bezahlt und gibt Trinkgeld.

> Das macht dann 9,60 Euro.
> 11 Euro. Stimmt so.

Yukiko bezahlt und gibt Trinkgeld.

> Und von Ihnen bekomme ich 12,80 Euro.
> 20 Euro. Geben Sie mir 6 Euro zurück.

- Möchten Sie noch ein Dessert oder einen Kaffee?
  デザートかコーヒーはいかがですか？
  = Haben Sie noch einen Wunsch?
  = Kann ich Ihnen noch etwas bringen?
  他に注文はございますか？

◇ Stimmt so.
  = Der Rest ist für Sie.
  お勘定はこれでいいです。
  ＝残りは（チップとして）取ってください。

◇ Geben Sie mir *6 Euro* zurück.
  6ユーロ戻して（残りはチップとして取って）ください。

2 Bezahlen

TRACK 54

STUFE 2 今度はユキコとトーマスになって，支払いをしてみましょう。

> Hat es Ihnen geschmeckt?

> Möchten Sie noch ein Dessert oder einen Kaffee?

Nach dem Essen.

Die Kellnerin fragt, ob sie noch etwas bestellen möchten.

> Zusammen oder getrennt?

Thomas und Yukiko möchten bezahlen.

Thomas bittet um getrennte Rechnung.

応用表現

支払いの時に役立つ表現を覚えましょう。

TRACK 55

◇ Das Essen war zu *salzig* / *fett* / *kalt*.
塩辛すぎました / 油っこすぎました / 冷たかったです。

◇ Es war ausgezeichnet.
とてもおいしかったです。

◇ Geben Sie mir bitte eine Quittung.
領収書をください。

Teil 6 **2** **TRACK 54**

Was bezahlen Sie?

Das macht dann 9,60 Euro.

Thomas sagt, was er bezahlt.

Thomas bezahlt und gibt Trinkgeld.

Und von Ihnen bekomme ich 12,80 Euro.

Yukiko bezahlt und gibt Trinkgeld.

◇ Ich zahle die gesamte Rechnung / alles zusammen.
一緒に払います。

◇ Bringen Sie bitte noch einmal *die Speisekarte / die Weinkarte / die Eiskarte*.
もう1度メニュー / ワインリスト / アイスクリーム
メニューを持ってきてください。

Im Restaurant レストランで

2

支払い

- イラスト1
  食後
  ウェートレス：おいしかったですか？
  ユキコ　　　：ええ，とっても。

- イラスト2
  ウェートレスが他に注文はないか尋ねます。
  ウェートレス：デザートかコーヒーはいかがですか？
  トーマス　　：結構です。

- イラスト3
  トーマスとユキコは支払いを希望します。
  トーマス　　：お勘定をお願いします。

- イラスト4
  トーマスは別々の支払いを希望します。
  ウェートレス：お支払いはご一緒ですか，それとも別々ですか？
  トーマス　　：別々でお願いします。

- イラスト5
  トーマスは自分が何を支払うか言います。
  ウェートレス：何をお支払いになりますか？（＝何をお食べになりましたか？）
  トーマス　　：ザウアーブラーテンとミネラルウォーターを払います。

- イラスト6
  トーマスが支払い，チップを渡します。
  ウェートレス：9ユーロ60セントになります。
  トーマス　　：11ユーロ取ってください。

- イラスト7
  ユキコが支払い，チップを渡します。
  ウェートレス：こちらは12ユーロ80セントになります。
  ユキコ　　　：20ユーロ渡すので，6ユーロおつりをください。

Information

知ってお得なドイツ情報

ドイツのレストランでは支払いは席で済ませます。ウェーターを呼んで，**Zahlen, bitte. / Wir möchten bezahlen.**（支払いをお願いします）と言います。ウエーターは **Ich komme sofort!**（すぐに伺います！）と言いますが，すぐに来るとは限らないので，時間に余裕を持って呼びましょう。チップはひとりの食事代が 20 ユーロ程度までなら，ひとりにつき 1 ユーロ，20 ユーロ以上の場合はもう少しプラスします。スマートなチップの渡し方としては，例えばお勘定が 9,60 Euro だった場合に，**11 Euro** を渡しながら **Stimmt so.**（お勘定はこれでいいです）と言う方法があります。**Stimmt so.** には，「1,40 Euro はチップとして取っておいてください」という意味が含まれているのです。それでは 11 Euro というちょうどよいお金がなくて，20 Euro 札しかなかったら？そんなときには **Geben Sie mir 9 Euro zurück.**（9 ユーロおつりをください），もしくは **11 Euro, bitte.**（11 ユーロ取ってください）と言いましょう。

ドイツのレストランの食事は量が半端ではありません。食べ切れなくて残してしまった場合，ウェーターは料理が口に合わなかったのではないか心配して，**Hat es Ihnen nicht geschmeckt?**（お口に合いませんでしたか？）とか **War etwas nicht in Ordnung?**（何か問題でもありましたでしょうか？）と聞いてくることでしょう。そんなときには **Es war gut, aber zu viel für mich.**（おいしかったけれど，私には量が多すぎました）と答えて安心させてあげましょう。「箱詰めにしてもらって持ち帰る」習慣はありません。念のため。

ボキャブラリー

die Getränke *(pl.)* 飲み物
der Kakao / *die* heiße Schokolade　ココア
der Orangensaft　オレンジジュース
das Bier　ビール
der Rosé　ロゼワイン

der Tee　紅茶
der Apfelsaft　りんごジュース
die Limonade　レモネード
der Rotwein　赤ワイン
der Sekt　スパークリングワイン

der Schnellimbiss（手っ取り早く食べられる）軽食
das Selbstbedienungsrestaurant　セルフサービスレストラン
das Gasthaus　（レストランを兼ねた）宿
das Bistro　ビストロ
die Bar　バー
die Weinstube　ワイン酒場

die Kneipe　居酒屋
der Biergarten　ビアガーデン
die Eisdiele　アイスクリームパーラー

3 Im Café …… カフェで

TRACK 56

STUFE 1 カフェのシーンです。まずはCDを聴いてみましょう。

Ist hier noch frei?
Ja, bitte.

Maria und Yukiko suchen einen freien Tisch.

Was bekommen Sie?
Ein Kännchen Kaffee und ein Stück Käsekuchen, bitte.

Maria bestellt.

Ich möchte eine Tasse Tee und ein Stück Apfelkuchen.

Yukiko bestellt.

Mit oder ohne Sahne?
Mit Sahne, bitte.

Kuchen mit oder ohne Sahne?

🔑 キーセンテンス

◇ Ist hier noch frei?
　ここは空いていますか？
　= Haben Sie noch einen freien Tisch?
　空いている席はまだありますか？

● Ich komme sofort.
　= Ich komme gleich.
　　Einen Moment, bitte.
　すぐに伺います。

> Zahlen, bitte.

> Ich komme sofort!

> Zahlen Sie zusammen oder getrennt?

> Zusammen.

Maria und Yukiko möchten bezahlen.

Maria bittet um die gesammte Rechnung.

> 12 Euro. Stimmt so.

> Das macht 10,80 Euro.

> Vielen Dank. Und einen schönen Tag noch.

> Danke, gleichfalls.

Maria bezahlt.

Maria und Yukiko verlassen das Café.

- Mit oder ohne Sahne?
  生クリームはおつけになりますか？

3 Im Café

TRACK 57

STUFE 2 今度はユキコやマリアになってカフェでケーキを注文したり，支払いをしたりしてみましょう。

Ja, bitte.

Was bekommen Sie?

Maria und Yukiko suchen einen freien Tisch.

Maria bestellt.

Mit oder ohne Sahne?

Yukiko bestellt.

Kuchen mit oder ohne Sahne?

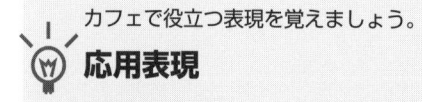

カフェで役立つ表現を覚えましょう。

応用表現

TRACK 58

◇ Ich möchte nur etwas trinken.
飲み物だけ注文したいです。

● Dieser Tisch ist reserviert.
このテーブルはご予約済みです。

◇ Können wir uns dazusetzen?
（すでに人が座っているテーブルを指して）そこに
（一緒に）座ってもいいですか？

Teil 6 ③ **TRACK 57**

"Ich komme sofort!"

"Zahlen Sie zusammen oder getrennt?"

Maria und Yukiko möchten bezahlen.

Maria bittet um die gesammte Rechnung.

"Das macht 10,80 Euro."

"Vielen Dank. Und einen schönen Tag noch."

Maria bezahlt.

Maria und Yukiko verlassen das Café.

◇ Gibt es noch einen Platz auf der Terrasse?
テラス席はまだありますか？

Im Restaurant レストランで

3

カフェで

(イラスト1)　**マリアとユキコが席を捜しています。**
マリア　　　：ここは空いていますか？
ウェーター　：ええ，どうぞ。

(イラスト2)　**マリアが注文します。**
ウェーター　：何になさいますか？
マリア　　　：コーヒーをポットで。それからチーズケーキをください。

(イラスト3)　**ユキコが注文します。**
ユキコ　　　：私には紅茶をカップで，それとりんごケーキをお願いします。

(イラスト4)　**ケーキに生クリームをつけるかどうかを聞かれます。**
ウェーター　：生クリームはおつけになりますか？
ユキコ　　　：ええ，生クリームをつけてください。

(イラスト5)　**マリアとユキコは支払いを希望します。**
ユキコ　　　：お勘定をお願いします。
ウェーター　：すぐ伺います。

(イラスト6)　**マリアは支払いを一緒にすることを希望します。**
ウェーター　：お支払いはご一緒ですか，それとも別々ですか？
マリア　　　：一緒でお願いします。

(イラスト7)　**マリアが支払います。**
ウェーター　：10ユーロ80セントになります。
マリア　　　：12ユーロで。

(イラスト8)　**マリアとユキコはカフェを出ます。**
ウェーター　：ありがとうございました。よい一日をお過ごしください。
マリア＆ユキコ
　　　　　　：ありがとう，あなたも（よい一日をお過ごしください）。

Information

知ってお得なドイツ情報

生クリーム系以外のケーキ（タルトやパウンドケーキ，チーズケーキ）を注文した場合，**Mit oder ohne Sahne?**（生クリームをつけるかどうか）と聞かれます。ドイツの生クリームは甘さ控えめで，とっても美味です。ぜひ一度お試しあれ！　ただし，ただでさえ大きなケーキに生クリームをつけるわけですから，カロリー的には相当の覚悟がいります。

コーヒーや紅茶，ココアを注文するときは，ポットとカップの2種類あります。ポットにはおよそカップの2.5倍の量が入っています。**Einen Kaffee!**（コーヒー1つ）とだけ言うと，自分はカップで注文したつもりでもポットで出てきてしまう（当然ポットの値段はカップの2.5倍です）ことがありますから，カップを希望する場合は **Eine Tasse Kaffee, bitte!**（コーヒーをカップで！），ポットの場合は **Ein Kännchen Kaffee, bitte!**（コーヒーをポットで！）としっかり区別して注文しましょう。

日本でもオープンカフェはめずらしくなくなりましたが，ドイツでは昔からオープンカフェは大人気。春から夏にかけては誰もがオープンカフェに座り，マンウォッチング（人間観察？）を楽しみます。

ボキャブラリー

der Erdbeerkuchen　いちごケーキ
der Kirschkuchen　さくらんぼケーキ
der Nusskuchen　ナッツケーキ
der Pflaumenkuchen　プラムケーキ
die Käsesahnetorte　レアチーズケーキ
die Waffel　ワッフル

Bildwörterbuch

die Speisekarte メニュー

die Essstäbchen (pl.) 箸

der Teller 皿

der Aschenbecher 灰皿

der Zucker 砂糖

die Schüssel 深皿

die Milch ミルク

der Zahnstocher つまようじ

die Tasse カップ

das Kännchen ポット

der Pfeffer こしょう

das Salz 塩

die Flasche ビン

das Glas グラス

die Serviette ナプキン

der Löffel スプーン

die Gabel フォーク

das Menü 定食

das Besteck カトラリー

das Messer ナイフ

die Schwarzwälderkirschtorte
シュヴァルツヴェルダー・キルシュトルテ
（チョコレートとさくらんぼのケーキ）

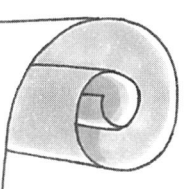

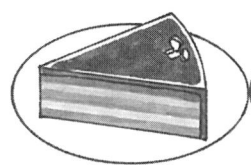

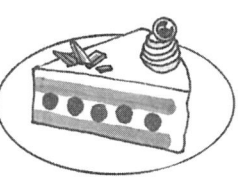

die Sachertorte
ザッハトルテ
（チョコレートケーキ）

der Apfelstrudel
アップルシュトルーデル
（アップルパイ）

der Streuselkuchen
シュトロイゼルケーキ

die Linzertorte
リンツァートルテ

der Obstkuchen
フルーツケーキ

das Brot　パン

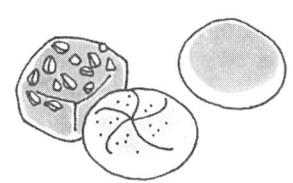

das Brötchen
ブレートヒェン（小型の丸パン）

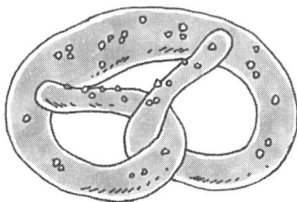

die Brezel
プレーツェル（8の字形の堅いパン）

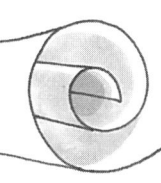

Im Restaurant レストランで

Grammatik

接続法第Ⅱ式

　人に何かを尋ねたり，頼んだりする際には直説法で „Wo ist die Post?" （郵便局はどこですか？）と尋ねたり，„Öffnen Sie bitte das Fenster!" （窓を開けてください！）と頼むよりも，接続法第Ⅱ式を用いて，„Könnten (Würden) Sie mir zeigen, wo die Post ist?" （郵便局がどこにあるか教えていただけますか？）と尋ねたり，„Könnten Sie bitte das Fenster öffnen?" （窓を開けていただけますか？）と頼んだ方が，より丁寧な表現になります。

　接続法第Ⅱ式は，過去基本形に -e をつけて作ります。不規則変化動詞の a, o, u の幹母音はウムラオトをつけて変音します。

sein	→	war	→	wäre
haben	→	hatte	→	hätte
werden	→	wurde	→	würde
können	→	konnte	→	könnte
dürfen	→	durfte	→	dürfte

　人称変化は過去人称変化と同じで，1人称単数形と3人称単数形では語尾なし，それ以外は現在人称変化と基本的に同じです。

ich	wäre	hätte
du	wärst	hättest
er / sie / es	wäre	hätte
wir	wären	hätten
ihr	wärt	hättet
sie	wären	hätten
Sie	wären	hätten

　口語では，一般動詞の接続法第Ⅱ式は「würde + 不定形」を用いることが多くなっています。

ich	würde	...	kaufen
du	würdest	...	kaufen
er / sie / es	würde	...	kaufen
wir	würden	...	kaufen
ihr	würdet	...	kaufen
sie	würden	...	kaufen
Sie	würden	...	kaufen

Teil 7

TRACK 59-67

Einkaufen　　　　　　　　　　　　　買い物

1. **In der Bekleidungsabteilung**　服売り場で
2. **In der Taschenabteilung**　かばん売り場で
3. **Im Supermarkt**　スーパーマーケットで

1 In der Bekleidungsabteilung … 服売り場で　TRACK 59

STUFE 1 デパートの服売り場のシーンです。まずは CD を聴いてみましょう。

> Kann ich Ihnen helfen?

> Ich suche einen dicken Pullover.

Yukiko möchte einen Pullover kaufen.

> Welche Größe haben Sie?

> Meine deutsche Größe kenne ich leider nicht.

Die Verkäuferin fragt nach der Kleidergröße.

> Ich schätze, Größe 36 müsste Ihnen passen. Dann zeige ich Ihnen erst einmal, was wir haben.

Die Verkäuferin führt Yukiko zu den Pullovern.

> Wie finden Sie diesen weißen Pullover?

> Der gefällt mir nicht. Ich hätte lieber einen grauen.

Die Verkäuferin zeigt Yukiko ein Modell.

🔑 キーセンテンス

◇ Ich suche *einen dicken Pullover*.
　厚手のセーターを探しています。

● Welche Größe haben Sie?
　サイズはおいくつですか？

◇ Meine deutsche Größe kenne ich leider nicht.
　ドイツのサイズはあいにくわかりません。

● Dann zeige ich Ihnen erst einmal was wir haben.
　それではまずは私どもの商品をお見せしましょう。

● Wie finden Sie *diesen weißen Pullover*?
　この白いセーターはいかがですか？

◇ *Der (Pullover)* gefällt mir nicht.
　それ（セーター）は気に入りません（好きではありません）。

Teil 7 · 1 TRACK 59

Und wie ist es mit diesem Modell?

Ja, der ist schön. Kann ich den mal anprobieren?

Selbstverständlich. Die Kabinen sind dort drüben.

Yukiko möchte den Pullover anprobieren.

Die Verkäuferin zeigt Yukiko die Umkleidekabinen.

Ist die Größe richtig?

Der ist zu groß. Haben Sie den eine Nummer kleiner?

Dieser Pullover sitzt gut. Den nehme ich.

Gut, ich lege ihn an die Kasse.

Ich sehe mal nach.

Yukiko braucht eine kleinere Größe.

Yukiko entscheidet den Pullover zu kaufen.

◇ Ich hätte lieber *einen grauen (Pullover)*.
グレーの（セーター）が欲しいです。

◇ Kann ich *den (Pullover)* mal anprobieren?
（そのセーターを）試着してもいいですか？

● Die Kabinen sind dort drüben.
試着室はあちらでございます。

● Ist die Größe richtig?
サイズはいかがですか？

◇ Haben Sie *den (Pullover)* eine Nummer *kleiner / größer*?
（そのセーターの）小さい / 大きいサイズはありますか？

● Ich sehe mal nach.
ちょっと確かめてまいります。

● Ich lege ihn an die Kasse.
レジにお持ちします。

Einkaufen 買い物

1. In der Bekleidungsabteilung

TRACK 60

STUFE 2 今度はユキコになって、セーターを買ってみましょう。

Kann ich Ihnen helfen?

Yukiko möchte einen Pullover kaufen.

Welche Größe haben Sie?

Die Verkäuferin fragt nach der Kleidergröße.

Ich schätze, Größe 36 müsste Ihnen passen. Dann zeige ich Ihnen erst einmal, was wir haben.

Die Verkäuferin führt Yukiko zu den Pullovern.

Wie finden Sie diesen weißen Pullover?

Die Verkäuferin zeigt Yukiko ein Modell.

服を買う際に役立つ表現を覚えましょう。

応用表現

TRACK 61

◇ Ich will mich nur mal umsehen.
（買うつもりはなく）見ているだけです。

◇ Könnten Sie mir bitte *den Pullover* aus dem Schaufenster zeigen?
ショーウィンドーにあるセーターを見せていただけますか？

◇ Haben Sie *einen Pullover* in meiner Größe?
私のサイズのセーターはありますか？

◇ Wo sind die Umkleidekabinen?
試着室はどこですか？

◇ Was für ein Material ist das?
素材は何ですか？

Teil 7

> Und wie ist es mit diesem Modell?

> Selbstverständlich. Die Kabinen sind dort drüben.

Yukiko möchte den Pullover anprobieren.

Die Verkäuferin zeigt Yukiko die Umkleidekabinen.

> Ist die Größe richtig?

> Ich sehe mal nach.

> Gut, ich lege ihn an die Kasse.

Yukiko braucht eine kleinere Größe.

Yukiko entscheidet den Pullover zu kaufen.

◇ *Der Pullover* ist *zu klein / zu groß / zu eng / zu weit / zu kurz / zu lang*.
そのセーターは小さすぎ / 大きすぎ / きつすぎ / 巾が広すぎ / 短すぎ / 長すぎます。

◇ Haben Sie *den Pullover* auch *in Weiß / in anderen Farben*?
そのセーターの白 / 他の色もありますか？

● Die Größe haben wir leider nicht mehr.

= Die Größe ist schon ausverkauft.
あいにくこのサイズはもうございません。

Schuhe 靴
◇ Haben Sie die eine halbe Nummer *größer / kleiner*?
もう半サイズ大きい / 小さいものはありますか？

● Ich hole den Zweiten.
もう片方の靴を持ってきます。（ドイツでは通常、片方の靴だけが店頭に並べられています）

Einkaufen 買い物

1 服売り場で

- (イラスト1) **ユキコはセーターを買おうと思っています。**
  デパートの店員：いらっしゃいませ。
  ユキコ　　：　厚手のセーターを探しているんですが。

- (イラスト2) **店員はサイズを尋ねます。**
  店員　　：　サイズはおいくつですか？
  ユキコ　：　ドイツのサイズについてはあいにくわかりません。

- (イラスト3) **店員はユキコをセーターの方へ連れて行きます。**
  店員　　：　36サイズではないかと思います。私どもの商品をまずはご覧にいれましょう。

- (イラスト4) **店員はユキコにあるデザインを見せます。**
  店員　　：　この白いセーターはいかがですか？
  ユキコ　：　あまり好きではありません。私はグレーのが欲しいです。

- (イラスト5) **ユキコはセーターを試着したいと思います。**
  店員　　：　それではこのデザインはいかがでしょう？
  ユキコ　：　ええ，素敵。試着してみてもいいですか？

- (イラスト6) **店員はユキコに試着室を示します。**
  店員　　：　もちろんでございます。試着室はあちらにございます。

- (イラスト7) **ユキコにはもう1サイズ小さなものが必要です。**
  店員　　：　サイズはいかがですか？
  ユキコ　：　大きすぎます。小さいサイズはありますか？
  店員　　：　ちょっと確認してまいります。

- (イラスト8) **ユキコはそのセーターを買うことにします。**
  ユキコ　：　このセーターは体に合っています（ぴったりです）。これにします。
  店員　　：　かしこまりました，レジにお持ちします。

Information

知ってお得なドイツ情報

ドイツでは，お店に入ったらまず，午前中なら **Guten Morgen!**（おはよう），お昼前後から夕方にかけては **Guten Tag!**（こんにちは），夜は **Guten Abend!**（こんばんは）とあいさつしましょう。たとえ何も買わなくても，お店を出るときは **Auf Wiedersehen!**（さようなら）と言います。日本ではお店の人にあいさつをするという習慣はないので妙な感じがしますが，ドイツ人から見れば，何も言わずにお店に入ってきて，何も言わずに出て行く日本人は気味が悪いようです。あいさつの習慣はお店に限らず，駅で切符を買うときやレストランでも同じです。

ボキャブラリー

der Mantel　コート
die Weste　ベスト
das T-Shirt　Tシャツ
die Bluse　ブラウス
der Rock　スカート
der Anzug　スーツ
die Socken *(pl.)*　靴下
der BH　ブラジャー
der Schlafanzug　パジャマ
die Mütze　つばなしの帽子（ベレー帽など）
die Handschuhe *(pl.)*　手袋
die Halbschuhe *(pl.)*　短靴
die Sandalen *(pl.)*　サンダル
die Pumps *(pl.)*　パンプス

die Jacke　ジャケット
die Strickjacke　ニットジャケット，カーディガン
das Hemd　シャツ
die Hose　ズボン
das Kleid　ワンピース
das Kostüm　婦人用スーツ
die Strumpfhose　ストッキング
die Unterhose / *der* Slip　パンツ，ショーツ
der Hut　帽子
der Schal　マフラー / ショール
die Krawatte　ネクタイ
die Stiefel *(pl.)*　ブーツ
die Turnschuhe *(pl.)*　スニーカー

uni / einfarbig　単色の
gestreift　ストライプの
geblümt　花柄の
langärmlig　長袖の
groß　大きい
weit　幅の広い
lang　長い

gemustert　柄の
gepunktet　水玉の
kariert　チェックの
kurzärmlig　半袖の
klein　小さい
eng　幅の狭い
kurz　短い

2 In der Taschenabteilung … かばん売り場で　TRACK 62

STUFE 1　かばん売り場でのシーンです。まずはCDを聴いてみましょう。

Entschuldigen Sie, wo ist die Taschenabteilung?

Die ist in der ersten Etage.

Danke.

Entschuldigung, sind Sie hier zuständig?

Ja. Was kann ich für Sie tun?

Yukiko fragt nach der Taschenabteilung.

Yukiko spricht einen Verkäufer an.

Ich interessiere mich für eine Reisetasche.

Haben Sie sich etwas Bestimmtes vorgestellt?

Nein, eigentlich nicht.

Diese Tasche ist sehr beliebt.

Wie viel kostet die denn?

150 Euro.

Yukiko möchte eine Tasche kaufen.

Yukiko fragt nach dem Preis.

🔑 キーセンテンス

◇ Entschuldigen Sie, wo ist hier *die Taschenabteilung*?
すみません，かばん売り場はどこですか？

◇ Entschuldigung, sind Sie hier zuständig?
こちらの売り場の担当の方ですか？

◇ Ich interessiere mich für *eine Reisetasche*.
旅行かばんに関心があります（旅行かばんを買いたいと思っています）。

＝ Ich suche 4格 .
〜を捜しています。

Teil 7 ② **TRACK 62**

> Das ist mir etwas zu teuer. Haben Sie nichts Billigeres?

> Hier haben wir noch ein Modell für 85 Euro. Die ist aber etwas kleiner.

> Gibt es die auch in einer anderen Farbe?

> Ja, die haben wir auch in Blau.

Yukiko möchte etwas Billigeres.

Yukiko möchte die Tasche in einer anderen Farbe.

> Dann nehme ich die Blaue.

> Vielen Dank. Folgen Sie mir bitte zur Kasse.

> Zahlen Sie bar oder mit Karte?

> In bar. Und schreiben Sie mir bitte eine Quittung.

Yukiko entscheidet sich für die Blaue.

Yukiko bezahlt und verlangt eine Quittung.

- Haben Sie sich etwas Bestimmtes vorgestellt?
  何かお決まりのものはございますか？

◇ Wie viel kostet *die (Tasche)* denn?
  = Was kostet *die (Tasche)* denn?
  （そのかばんは）おいくらですか？

◇ Das ist mir etwas zu teuer. Haben Sie nichts Billigeres?
  それは高すぎます。もう少し安いのはありませんか？

◇ Gibt es *die (Tasche)* auch in einer anderen Farbe?
  （そのかばんは）他の色もありますか？

- Zahlen Sie bar oder mit Karte?
  現金でお支払いになりますか，それともカードでお支払いになりますか？

◇ Schreiben Sie mir bitte eine Quittung.
  領収書をお願いします。

Einkaufen 買い物

2 In der Taschenabteilung

TRACK 63

STUFE 2 今度はユキコになって，かばんを買ってみましょう。

Die ist in der ersten Etage.

Ja. Was kann ich für Sie tun?

Yukiko fragt nach der Taschenabteilung.

Yukiko spricht einen Verkäufer an.

Haben Sie sich etwas Bestimmtes vorgestellt?

Diese Tasche ist sehr beliebt.

150 Euro.

Yukiko möchte eine Tasche kaufen.

Yukiko fragt nach dem Preis.

買い物をする際に役立つ表現を覚えましょう。

応用表現

TRACK 64

◇ Welche Marke ist das?
どちらのメーカーのものですか？

◇ Erklären Sie mir bitte die Funktionen.
機能を説明してください。

◇ Könnten Sie mir etwas empfehlen?
何かお勧めのものはありますか？

◇ Ich möchte es mir noch einmal überlegen.
もう少し考えたいです。

◇ Das ist nicht das, was ich mir vorgestellt habe.
思っていたのと違います。

Yukiko möchte etwas Billigeres.

"Hier haben wir noch ein Modell für 85 Euro. Die ist aber etwas kleiner."

Yukiko möchte die Tasche in einer anderen Farbe.

"Ja, die haben wir auch in Blau."

Yukiko entscheidet sich für die Blaue.

"Vielen Dank. Folgen Sie mir bitte zur Kasse."

Yukiko bezahlt und verlangt eine Quittung.

"Zahlen Sie bar oder mit Karte?"

◇ Kann ich mit Kreditkarte bezahlen?
クレジットカードは使えますか？

◇ Kann ich mit *VISA-Karte* bezahlen?
VISAカードで払えますか？

◇ Ich würde das gerne umtauschen.
取り替えていただきたいのですが。

◇ Können sie das bestellen?
注文していただけますか？

◇ Gibt es darauf auch Garantie?
保証はついていますか？

◇ Können Sie das bitte einpacken?
包んでいただけますか？

● Brauchen Sie eine Tragetasche?
手提げ袋はご入用ですか？

◇ Können Sie das nach Japan schicken? 日本に送っていただけますか？

◇ Ich hätte gern eine Tax-free-Bescheinigung.
免税の手続きがしたいです。

2 かばん売り場で

- イラスト1　**ユキコはかばん売り場がどこか尋ねます。**
  ユキコ　　　　：すみません，かばん売り場はどこですか？
  デパートの店員：1階（日本での2階）にございます。
  ユキコ　　　　：ありがとう。

- イラスト2　**ユキコは店員に話しかけます。**
  ユキコ：こちらの売り場の担当の方ですか？
  店員　：はい。いらっしゃいませ。

- イラスト3　**ユキコは旅行かばんを買いたいと思っています。**
  ユキコ：旅行かばんが欲しいのですが。
  店員　：何かお決まりのものはございますか？
  ユキコ：いいえ，ありません。

- イラスト4　**ユキコは値段を尋ねます。**
  店員　：このかばんはとても人気があります。
  ユキコ：おいくらですか？
  店員　：150ユーロです。

- イラスト5　**ユキコはもう少し安いのにしようと思います。**
  ユキコ：それはちょっと高すぎます。もう少し安いのはありませんか？
  店員　：こちらのモデルは85ユーロです。少し小さくなりますが。

- イラスト6　**ユキコは他の色のが欲しいと思います。**
  ユキコ：別の色もありますか？
  店員　：はい，青もございます。

- イラスト7　**ユキコは青いのに決めます。**
  ユキコ：それでは青いのにします。
  店員　：ありがとうございます。レジまでどうぞ。

- イラスト8　**ユキコはお金を払い，領収書を求めます。**
  店員　：現金でお支払いになりますか，それともカードでお支払いになりますか？
  ユキコ：現金で。領収書をお願いします。

Information

知ってお得なドイツ情報

デパートの各階案内を見る際に注意しなくてはならないのは，ドイツの建物ではまず *das* Erdgeschoss（グランドフロア）があり，その上の階から *die* erste Etage（1階），*die* zweite Etage（2階），*die* dritte Etage（3階）と順に数えていくということです。つまり，日本の1階に相当するのが *das* Erdgeschoss，2階が *die* erste Etage，3階が *die* zweite Etage，4階が *die* dritte Etage というわけです。例えば，目当てのものが *die* zweite Etage にあると表示されているときに，言葉どおり（つまり日本の感覚で）2階に行っても当然目当てのものは見つかりません。階数に数字を1つプラスすることを忘れないようにしましょう。

ボキャブラリー

das Geschäft　店
das Antiquitätengeschäft　アンティークショップ
die Buchhandlung　本屋
der Juwelier　宝石店
das Lederwarengeschäft　革製品の店
das Schreibwarengeschäft　文房具屋
das Spielwarengeschäft　おもちゃ屋

der Andenkenladen　みやげ物屋
das Blumengeschäft　花屋
das Elektrogeschäft　電器屋
die Konditorei　ケーキ屋
der Optiker　眼鏡屋
das Schuhgeschäft　靴屋
das Kaufhaus　デパート

3 Im Supermarkt ····· スーパーマーケットで   TRACK 65

STUFE 1 スーパーマーケットでのシーンです。まずはCDを聴いてみましょう。

> Entschuldigung, wo stehen die Teebeutel?

> Die stehen im zweiten Gang, auf der rechten Seite, neben dem Kaffee.

> Bitte schön?

> Geben Sie mir bitte 5 Scheiben Salami und 2 Bratwürste.

Yukiko sucht Teebeutel.

An der Fleischtheke.

> Sonst noch etwas?

> Nein, das wär's.

> Hier, Ihre Ware. Bezahlen Sie bitte an der Kasse.

> Danke.

Der Verkäufer fragt, ob Yukiko noch etwas anderes möchte.

Yukiko bekommt ihre Ware.

キーセンテンス

◇ **Entschuldigung, wo stehen (sind) *die Teebeutel*?**
すみません，ティーバッグはどこですか？

◇ **Geben Sie mir bitte *5 Scheiben Salami* und *2 Bratwürste*.**
サラミを5枚，ブラートヴルスト（グリル用ソーセージ）を2本ください。

= Ich hätte gern 4格 .
= Ich möchte 4格 .
　私は〜が欲しい／〜をください。

● **Sonst noch etwas?**
= Haben Sie sonst noch einen Wunsch? 他には？

◇ **Nein, das wär's.**
= Das ist alles.
　いいえ，以上です。

Teil 7 — 3 — TRACK 65

An der Käsetheke.

- Was kosten 100g Edamer?
- 100g kosten 60 Cent.
- Dann geben Sie mir bitte 300g.
- Darf es auch etwas mehr sein? Dieses Stück wären genau 320g.
- Ist in Ordnung.

Yukiko bestellt 300g Edamer.

An der Kasse.

- Das macht 24,69 Euro.
- Kann ich auch eine Plastiktüte bekommen?
- Die Plastiktüten kosten aber 10 Cent extra.
- Gut, geben Sie mir bitte eine.

Yukiko kauft eine Plastiktüte.

- ● Bezahlen Sie es bitte an der Kasse.
  レジでお支払いください。
- ◇ Was kosten *100g Edamer*?
  エダムチーズは100gおいくらですか？
- ● Darf es auch etwas mehr sein?
  少し多くてもいいですか？
- ◇ Ist in Ordnung.
  いいですよ。
- ◇ Kann ich auch eine Plastiktüte bekommen?
  レジ袋をいただけますか？
- ● Die Plastiktüten kosten aber 10 Cent extra.
  レジ袋は10セントかかります。

Einkaufen 買い物

3   Im Supermarkt

TRACK 66

STUFE 2 今度はユキコになって，スーパーマーケットで買い物をしてみましょう。

Die stehen im zweiten Gang, auf der rechten Seite, neben dem Kaffee.

Yukiko sucht Teebeutel.

Bitte schön?

An der Fleischtheke.

Sonst noch etwas?

Der Verkäufer fragt, ob Yukiko noch etwas anderes möchte.

Hier, Ihre Ware. Bezahlen Sie bitte an der Kasse.

Yukiko bekommt ihre Ware.

スーパーでの買い物の際に役立つ表現を覚えましょう。

応用表現

TRACK 67

◇ Haben Sie auch *Teebeutel*?
ティーバッグもありますか？

● Wie viel möchten Sie?
　= Wie viel darf es denn sein?
どのくらいご入用ですか？

◇ Ist *der Fisch / das Brot* frisch?
その魚 / パンは新鮮 / 焼き立てですか？

◇ Verkaufen Sie *die Äpfel* auch *stückweise / einzeln*?
リンゴはばら売りもありますか？

◇ Das Wechselgeld stimmt nicht.
おつりが違っています。

Teil 7 — 3 — TRACK 66

"100g kosten 60 Cent."

An der Käsetheke.

"Darf es auch etwas mehr sein? Dieses Stück wären genau 320g."

Yukiko bestellt 300g Edamer.

"Das macht 24,69 Euro."

An der Kasse.

"Die Plastiktüten kosten aber 10 Cent extra."

Yukiko kauft eine Plastiktüte.

- ein Kilo / zwei Kilo
  キログラム ―１キロ / ２キロ
- ein Pfund / zwei Pfund
  ポンド（500 g）― 500g / 1kg
- ein Liter / zwei Liter
  リットル ―１リットル / ２リットル
- eine Scheibe / zwei Scheiben
  切れ ―１切れ / ２切れ
- ein Stück / zwei Stück 個 ―１個 / ２個

- eine Schachtel / zwei Schachteln
  箱 ―１箱 / ２箱
- eine Tüte / zwei Tüten
  袋 ―１袋 / ２袋
- eine Flasche / zwei Flaschen
  瓶 ―１瓶 / ２瓶
- eine Dose / zwei Dosen
  缶 ―１缶 / ２缶

Einkaufen 買い物

3 スーパーマーケットで

(イラスト1) **ユキコはティーバッグを探しています。**
ユキコ： すみません，ティーバッグはどこですか？
店員1： 2列目の右側，コーヒーの隣にあります。

(イラスト2) **肉売り場で**
店員2： 何にしましょう？
ユキコ： サラミを5枚，ブラートヴルスト（グリル用ソーセージ）を2本ください。

(イラスト3) **店員はユキコに他に欲しいものはないか尋ねます。**
店員2： 他には？
ユキコ： いいえ，以上です。

(イラスト4) **ユキコは商品を受け取ります。**
店員2： こちらが品物です。レジでお支払いください。
ユキコ： ありがとう。

(イラスト5) **チーズ売り場で**
ユキコ： エダムチーズは100gいくらですか？
店員3： 100g，60セントです。

(イラスト6) **ユキコは 300g エダムを注文します。**
ユキコ： それじゃあ，300gください。
店員3： 少し多くてもいいですか？ この塊がちょうど320gです。
ユキコ： いいですよ。

(イラスト7) **レジで**
レジ係： 24ユーロ69セントです。
ユキコ： レジ袋をいただけますか？

(イラスト8) **ユキコはレジ袋を購入します。**
レジ係： レジ袋は10セントかかります。
ユキコ： いいですよ，1つください。

Information

知ってお得なドイツ情報

ドイツのスーパーのレジでは，これからお金を払う品物を自分でベルトコンベアー式の台に載せ，前後の人の品物との間を棒状のもので仕切ります。お金を払った後は自分でかごの中に品物を入れます。レジ袋は有料化されて20年以上が経ち，ドイツ人は買い物の際には自分で買い物袋を持参するか，車のトランクにプラスティックの箱を用意して，そこに入れることが習慣になっています。日本に住んだことのあるドイツ人の友人が「日本ではくだものも野菜もとってもきれいに包装されて売られている」と皮肉交じりに言っていたことがありました。ドイツでは野菜もくだものも計り売りが原則です。野菜売り場にある秤に自分が欲しい分だけの野菜を載せ，その野菜の番号を入力すると値段がシールに印字されて出てきます。ミネラルウォーターやジュース類もペットボトルではなくガラス製のビンに入っていて，買った店にもっていくとビン代が返ってきます。缶ビールはありますが，基本的にドイツ人の家で見かけるのは瓶ビールばかり。環境に配慮したデポジット制度はドイツのほとんどの家庭に浸透しています。

ボキャブラリー

der Apfel / Äpfel　りんご
die Mandarine / Mandarinen　みかん
die Kirsche / Kirschen　さくらんぼ
die Erdbeere / Erdbeeren　いちご
die Melone / Melonen　メロン
die Mango / Mangos　マンゴー
die Birne / Birnen　洋なし
die Kartoffel / Kartoffeln　じゃがいも
der Rotkohl　紫キャベツ
die Gurke / Gurken　きゅうり
der Kopfsalat　サラダ菜
der Blumenkohl　カリフラワー
der Lauch　ねぎ
der Spinat　ほうれん草
das Weißbrot　白パン
das Vollkornbrot　全粒粉パン
das Croissant　クロワッサン

die Orange / Orangen　オレンジ
der Pfirsich / Pfirsiche　桃
die Pflaume / Pflaumen　プラム
die Kiwi / Kiwis　キウイ
die Banane / Bananen　バナナ
die Traube / Trauben　ぶどう

der Kohl　キャベツ
die Tomate / Tomaten　トマト
die Zwiebel / Zwiebeln　玉ねぎ
die Aubergine / Auberginen　なす
der Rettich　大根
die Bohne / Bohnen　豆
die Karotte / Karotten　にんじん
das Schwarzbrot　黒パン（ライ麦パン）
das Baguette　バゲット

Bildwörterbuch

das Regal
棚

das Kühlregal
冷蔵棚

der Einkaufswagen
買い物カート

die Fleischtheke
肉売り場

die Käsetheke
チーズ売り場

die Tiefkühltruhe
冷凍庫

das Gemüse
野菜

das Obst
くだもの

die Waage
秤

die Plastiktüte
レジ袋

die Bäckerei
パン屋

die Kasse　レジ

170

Grammatik

形容詞

形容詞は述語や副詞として用いられるときは格変化しませんが，付加語として名詞の前に置かれるときには名詞の性・数・格に応じて格変化します。

●形容詞の格変化

1．強変化：形容詞＋名詞

	男 性 古いスーツ	女 性 古いジャケット	中 性 古いワンピース	複 数 古い靴
1格	alter Anzug	alte Jacke	alt**es** Kleid	alte Schuhe
2格	alt**en** Anzugs	alter Jacke	alt**en** Kleides	alter Schuhe
3格	alt**em** Anzug	alter Jacke	alt**em** Kleid	alt**en** Schuhen
4格	alt**en** Anzug	alte Jacke	alt**es** Kleid	alte Schuhe

2．弱変化：定冠詞類（dieserなど）＋形容詞＋名詞

	男 性	女 性	中 性	複 数
1格	der alte Anzug	die alte Jacke	das alte Kleid	die alt**en** Schuhe
2格	des alt**en** Anzugs	der alt**en** Jacke	des alt**en** Kleides	der alt**en** Schuhe
3格	dem alt**en** Anzug	der alt**en** Jacke	dem alt**en** Kleid	den alt**en** Schuhen
4格	den alt**en** Anzug	die alte Jacke	das alte Kleid	die alt**en** Schuhe

3．混合変化：不定冠詞類（所有冠詞，否定冠詞keinなど）＋形容詞＋名詞

	男 性	女 性	中 性	複 数
1格	ein alter Anzug	eine alte Jacke	ein alt**es** Kleid	keine alt**en** Schuhe
2格	eines alt**en** Anzugs	einer alt**en** Jacke	eines alt**en** Kleides	keiner alt**en** Schuhe
3格	einem alt**en** Anzug	einer alt**en** Jacke	einem alt**en** Kleid	keinen alt**en** Schuhen
4格	einen alt**en** Anzug	eine alte Jacke	ein alt**es** Kleid	keine alt**en** Schuhe

●比較表現

・比較級は原級に -er，最上級は -st を付けて作ります。
・一音節の単語では，幹母音が変音する場合がよくあります。
・口調上の -e-：形容詞の最上級を作る場合，原級が -t や-dで終わるときには口調上の -e- を挿入します。

原 級	比較級	最上級
schön 美しい	schön**er**	schön**st**
alt 古い	ält**er**	ält**est**
jung 若い	jüng**er**	jüng**st**

不規則な変化

原級		比較級	最上級
gut	良い	besser	best
hoch	高い	höher	höchst
viel	多くの	mehr	meist
nah	近い	näher	nächst
groß	大きい	größer	größt

1. 原級による比較表現：so + 原級 + wie 　「AはBと同じ程度に〜だ」
   Ellen ist *so* sportlich *wie* Andrea. 　エレンはアンドレアと同じくらいスポーティです。
2. 比較級による比較表現：比較級 + als 　「AはBよりも〜だ」
   Ellen ist sportlich**er** *als* Julia. 　エレンはユリアよりスポーティです。
3. 最上級による比較表現：am + 最上級 en 　「Aは最も〜だ」
   Ellen ist *am* sportlich**sten**. 　エレンは一番スポーティです。

● 比較級の付加語的用法

　原級と同様，比較級も付加語として名詞の前に置かれるときには，名詞の性・数・格に応じて格変化します。

　　　eine kleinere Größe 　小さいサイズ

Teil 8

TRACK 68-73

Leute treffen 人と会う

1. **Ein Besuch** 訪問
2. **Persönliche Angaben** 自身について話す

1 Ein Besuch ⋯⋯ 訪問

TRACK 68

STUFE 1 ユキコはマリアの両親宅を訪れます。まずはCDを聴いてみましょう。

> Guten Tag, Frau Steiner. Mein Name ist Yukiko Yamada. Ich bin eine Freundin von Maria.

> Guten Tag, Yukiko. Kommen Sie doch bitte herein.

> Hallo, Yukiko. Das ist mein Vater.

> Freut mich Sie kennenzulernen, Yukiko.

> Freut mich auch.

Frau Steiner öffnet die Tür.

Frau Steiner führt Yukiko ins Wohnzimmer.

> Vielen Dank für die Einladung, Frau Steiner. Ein kleines Geschenk für Sie.

> Ach, wie schön! Das wäre aber nicht nötig gewesen.

> Legen Sie doch bitte ab.

> Sehr aufmerksam.

Yukiko gibt Frau Steiner einen Blumenstrauß.

Herr Steiner nimmt Yukikos Jacke.

🔑 キーセンテンス

- Kommen Sie doch bitte herein.
  どうぞ中へお入りください。
- Freut mich Sie kennenzulernen.
  = Schön Sie kennenzulernen.
  お知り合いになれて光栄です。
- ◇ Freut mich auch.
  こちらこそ。
- ◇ Vielen Dank für die Einladung.
  お招きありがとうございます。
- ◇ Ein kleines Geschenk für Sie.
  あなたへのささやかなプレゼントです。
- Das wäre aber nicht nötig gewesen.
  （贈り物をもらって）こんなことをしていただかなくてもよかったのに。

Teil 8 **1** **TRACK 68**

— Bitte setzen Sie sich doch.
— Ja, Danke.

— Kann ich Ihnen etwas zu trinken anbieten? Einen Kaffee oder lieber etwas Kaltes?
— Einen Kaffee, bitte.
— Für mich auch.

Herr Steiner bietet Yukiko einen Sitzplatz an.

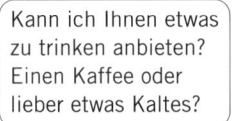

Frau Steiner bietet Yukiko etwas zu trinken an.

— Und wie gefällt es Ihnen in Frankfurt?
— Sehr gut. Die Stadt ist wirklich interessant.

Herr Steiner beginnt die Unterhaltung.

- Legen Sie doch bitte ab.
  = Kann ich Ihnen *die Jacke* abnehmen?
  どうぞ上着をお脱ぎください。
- ◇ Sehr aufmerksam.
  お気遣いありがとうございます。
- Bitte setzen Sie sich doch.
  = Setzen Sie sich.
  Nehmen Sie bitte Platz.
  どうぞお座りください。

- Kann ich Ihnen etwas zu trinken anbieten?
  = Möchten Sie etwas trinken?
  何か飲み物をいかがですか？
- Wie gefällt es *Ihnen* in *Frankfurt*?
  フランクフルトはいかがですか？

Leute treffen 人と会う

175

1　Ein Besuch

TRACK 69

STUFE 2　今度はユキコになって，マリアの両親と話をしてみましょう。

Guten Tag, Yukiko. Kommen Sie doch bitte herein.

Hallo, Yukiko. Das ist mein Vater.

Freut mich Sie kennenzulernen, Yukiko.

Frau Steiner öffnet die Tür.

Frau Steiner führt Yukiko ins Wohnzimmer.

Ach, wie schön! Das wäre aber nicht nötig gewesen.

Legen Sie doch bitte ab.

Yukiko gibt Frau Steiner einen Blumenstrauß.

Herr Steiner nimmt Yukikos Jacke.

ドイツ人宅を訪れる際に役立つ表現を覚えましょう。

応用表現

TRACK 70

◇ Darf ich mal *die Toilette* benutzen?
トイレをお借りしてもよろしいですか？

▪ Lange nicht gesehen.
お久しぶりです。

▪ Wie geht es *Ihnen* / *dir*?
= Wie geht's?
ご機嫌いかがですか？

Teil 8

Bitte setzen Sie sich doch.

Kann ich Ihnen etwas zu trinken anbieten? Einen Kaffee oder lieber etwas Kaltes?

Für mich auch.

Herr Steiner bietet Yukiko einen Sitzplatz an.

Frau Steiner bietet Yukiko etwas zu trinken an.

Und wie gefällt es Ihnen in Frankfurt?

Herr Steiner beginnt die Unterhaltung.

- ☑ Sehr gut / Gut / Es geht / Nicht so gut.
  とてもいい / いい / まあまあ / あまりよくないです。
- ☑ Sie können mich ruhig duzen.
  du で呼んでいただいて結構です。
- ☑ Stört es Sie, wenn ich rauche?
  タバコを吸ってもいいですか？
- ☑ Ich vertrage den Rauch nicht.
  タバコは我慢できません。

1 訪問

(イラスト1) **シュタイナー夫人がドアを開けます。**
ユキコ　　　　　：こんにちは，シュタイナー夫人。私はヤマダユキコです。マリアの友達です。
シュタイナー夫人：こんにちは，ユキコ。どうぞ中へお入りください。

(イラスト2) **シュタイナー夫人はユキコを居間に連れていきます。**
マリア　　　　　：こんにちは，ユキコ。こちらが私の父です。
シュタイナー氏　：お知り合いになれてうれしいです，ユキコ。
ユキコ　　　　　：こちらこそ。

(イラスト3) **ユキコはシュタイナー夫人に花束を贈ります。**
ユキコ　　　　　：お招きいただいてありがとうございます，シュタイナーさん。あなたへのささやかなプレゼントです。
シュタイナー夫人：まあ，なんてきれいなんでしょう。でもこんなことをしていただかなくてもよかったのに。

(イラスト4) **シュタイナー氏はユキコの上着を受け取ります。**
シュタイナー氏　：どうぞ上着をお脱ぎください。
ユキコ　　　　　：お気遣いありがとうございます。

(イラスト5) **シュタイナー氏はユキコに座るよう勧めます。**
シュタイナー氏　：どうぞお座りください。
ユキコ　　　　　：ありがとうございます。

(イラスト6) **シュタイナー夫人はユキコに飲み物を勧めます。**
シュタイナー夫人：何か飲み物をいかがですか？　コーヒーか，あるいは冷たいものの方がいいかしら？
ユキコ　　　　　：コーヒーをお願いします。
マリア　　　　　：私にもね。

(イラスト7) **シュタイナー氏が会話を始めます。**
シュタイナー氏　：フランクフルトは気に入りましたか？
ユキコ　　　　　：ええ，とても。ほんとうに興味深い町ですね。

Information

知ってお得なドイツ情報

ドイツの家庭に招待されたら、何をおみやげに持っていくといいのでしょう？ 日本ではよくケーキを買っていきますが、ドイツでは基本的にケーキは招待した側が用意します。何種類かのケーキを焼いてくれている場合もありますし、*die* **Konditorei**（ケーキ屋）で買ってきたものが用意されている場合もあります（手作りの場合の方が多いように思います）。それでは何を持っていきましょうか？ ユキコのように花を持っていったり、ワインやチョコレートを持っていくのが一般的のようです。

玄関で靴は脱ぎません。ドイツ人自身は、家に帰ると靴を履き替える人も多いようですが、お客はスリッパなどを勧められない限り、「靴は脱がない」のが原則です。

ボキャブラリー

die Großeltern *(pl.)* 祖父母	*der* Großvater 祖父
die Großmutter 祖母	*die* Eltern *(pl.)* 両親
die Mutter 母	
der Sohn 息子	*die* Tochter 娘
der Ehemann 夫	*die* Ehefrau 妻
der Schwiegersohn 婿	*die* Schwiegertochter 嫁
der Schwiegervater しゅうと	*die* Schwiegermutter 姑
der Enkelsohn 孫息子	*die* Enkeltochter 孫娘
der Onkel 伯(叔)父	*die* Tante 伯(叔)母
der Cousin 従兄弟	*die* Cousine / Kusine 従姉妹

Leute treffen 人と会う

2 Persönliche Angaben … 自身について話す　TRACK 71

STUFE 1 ユキコはいろいろなことを尋ねられます。まずはCDを聴いてみましょう。

Sind Sie zum ersten Mal in Deutschland?

Nein, ich war vor zwei Jahren schon einmal in Hamburg.

Haben Sie dort Urlaub gemacht?

Nein, ich habe einen Sprachkurs gemacht, sechs Wochen.

Herr Steiner fragt, ob Yukiko schon einmal in Deutschland war.

Yukiko erzählt von ihrem Sprachkurs in Hamburg.

Sind Sie noch Studentin, Yukiko?

Ja, ich studiere Germanistik an der Universität Nagoya.

Ach, kommen Sie aus Nagoya?

Nein, ich komme eigentlich aus Kobe. Meine Eltern wohnen dort.

Frau Steiner fragt, ob Yukiko Studentin ist.

Herr Steiner fragt nach Yukikos Herkunft.

🔑 キーセンテンス

- Sind Sie zum ersten Mal in Deutschland?
  ドイツははじめてですか？

- Haben Sie dort Urlaub gemacht?
  そこで休暇を過ごしたのですか？

◇ Ich habe einen Sprachkurs gemacht.
  語学コースを受けました。

◇ Ich studiere *Germanistik* an der Universität *Nagoya*.
  私は名古屋大学でドイツ文学を専攻しています。

◇ Ich komme (eigentlich) aus *Kobe*.
  私は神戸の出身です。

Frau Steiner fragt, ob Yukiko Geschwister hat.

- Haben Sie Geschwister?
- Ja, ich habe einen älteren Bruder. Er arbeitet bei Sony.

Herr Steiner fragt nach dem Alter von Yukikos Bruder.

- Ach, bei Sony? Wie alt ist er denn?
- Er ist 27 Jahre alt.

Herr Steiner fragt nach dem Beruf von Yukikos Eltern.

- Und was sind Ihre Eltern von Beruf, wenn ich fragen darf?
- Mein Vater ist Angestellter, und meine Mutter ist Hausfrau.

Frau Steiner fragt nach Yukikos Hobby.

- Was ist Ihr Hobby, Yukiko?
- Ich mache gern Sport und male gern.

◇ Meine Eltern wohnen dort.
両親はそこに住んでいます。

● Haben Sie Geschwister?
ごきょうだいはいらっしゃいますか？

◇ Er arbeitet bei *Sony*.
彼はソニーで働いています。

● Wie alt ist er denn?
彼は何歳ですか？

◇ Er ist *27* Jahre alt.
彼は27歳です。

● Und was sind Ihre Eltern von Beruf, wenn ich fragen darf?
ご両親の職業をお尋ねしてもよろしいですか？

● Was ist Ihr Hobby?
趣味は何ですか？

Leute treffen 人と会う

2 Persönliche Angaben

TRACK 72

STUFE 2 今度はユキコになって、自身についていろいろ話してみましょう。

Sind Sie zum ersten Mal in Deutschland?

Herr Steiner fragt, ob Yukiko schon einmal in Deutschland war.

Haben Sie dort Urlaub gemacht?

Yukiko erzählt von ihrem Sprachkurs in Hamburg.

Sind Sie noch Studentin, Yukiko?

Frau Steiner fragt, ob Yukiko Studentin ist.

Ach, kommen Sie aus Nagoya?

Herr Steiner fragt nach Yukikos Herkunft.

個人的な話をする際に役立つ表現を覚えましょう。

応用表現

TRACK 73

- **Sind Sie berufstätig?**
  あなたは働いて（仕事を持って）いますか？

- **Sind Sie verheiratet?**
  あなたはご結婚されていますか？

- **Ich bin** *verheiratet / ledig / geschieden / verwitwet*.
  私は結婚しています / 結婚していません / 離婚しました / 夫（妻）に先立たれました。

- **Haben Sie Kinder?**
  お子さんはいらっしゃいますか？

Haben Sie Geschwister?

Frau Steiner fragt, ob Yukiko Geschwister hat.

Ach, bei Sony? Wie alt ist er denn?

Herr Steiner fragt nach dem Alter von Yukikos Bruder.

Und was sind Ihre Eltern von Beruf, wenn ich fragen darf?

Herr Steiner fragt nach dem Beruf von Yukikos Eltern.

Was ist Ihr Hobby, Yukiko?

Frau Steiner fragt nach Yukikos Hobby.

- Ich habe *keine Kinder / eine Tochter / 2 Töchter / einen Sohn / 2 Söhne*.
  私には子供はいません / 娘が１人 / 娘が２人 / 息子が１人 / 息子が２人います。
- Ich habe keine Geschwister.
  私にはきょうだいはいません。
- Wie ist Ihre *Adresse / E-Mail-Adresse / Telefonnummer*?
  ご住所はどちらですか / Ｅメールアドレス / 電話番号を教えていただけますか？
- Das ist meine Visitenkarte.
  これが私の名刺です。

2 自身について話す

- イラスト1　**シュタイナー氏はユキコにドイツにこれまで来たことがあるのか尋ねます。**
  - シュタイナー氏　：ドイツははじめてですか？
  - ユキコ　　　　　：いいえ，2年前にハンブルクにいたことがあります。

- イラスト2　**ユキコはハンブルクの語学コースのことを話します。**
  - シュタイナー夫人：そこで休暇を過ごされたのですか？
  - ユキコ　　　　　：いいえ，6週間語学コースを受けました。

- イラスト3　**シュタイナー夫人はユキコが学生かどうか尋ねます。**
  - シュタイナー夫人：あなたはまだ学生さんですか？
  - ユキコ　　　　　：ええ，名古屋大学でドイツ文学を専攻しています。

- イラスト4　**シュタイナー氏はユキコの出身地について尋ねます。**
  - シュタイナー氏　：ああ，あなたは名古屋出身なんですか？
  - ユキコ　　　　　：いいえ，私は神戸の出身です。両親は神戸に（そこに）住んでいます。

- イラスト5　**シュタイナー夫人はユキコにきょうだいはいるのか尋ねます。**
  - シュタイナー夫人：ごきょうだいはいらっしゃるの？
  - ユキコ　　　　　：ええ，兄がいます。ソニーで働いています。

- イラスト6　**シュタイナー氏はユキコの兄の年齢を尋ねます。**
  - シュタイナー氏　：へえ，ソニーでですか？　おいくつなんですか？
  - ユキコ　　　　　：27歳です。

- イラスト7　**シュタイナー氏はユキコの両親の職業を尋ねます。**
  - シュタイナー氏　：ご両親の職業をお尋ねしてもいいでしょうか？
  - ユキコ　　　　　：父は会社員で，母は専業主婦です。

- イラスト8　**シュタイナー夫人はユキコに趣味を尋ねます。**
  - シュタイナー夫人：ご趣味は？
  - ユキコ　　　　　：スポーツと，絵を描くことも好きです。

Information

知ってお得なドイツ情報

du で話すか，Sie で話すか…。〈親しい人は du，親しくない人あるいは初対面の人は Sie〉の原則に当てはめれば簡単なようですが，以外と難しいもの。若い人同士は初対面でも du で話し出すのが一般的ですし，年配の人でも，友人の友人として紹介されたときには du で話しかけてくる人もいます。そう思って，次に紹介された友人の友人に du で話しかけたのに，相手は Sie で返してきた… という失敗談も聞くので，まずは慎重に Sie で話し出すのがいいのではないかと思います。相手が du で話しかけてくるようであれば，思い切ってこちらも du を使いましょう。相手が du で話しかけているのに，こちらが Sie で返すのは他人行儀でよそよそしいと受け取られてしまうかもしれません。子供に対しては du で話しかけますが，何歳までを子供とするのか，これまた難しい問題です。15～16歳の思春期の子たちに対しては子供扱いせずに，最初は Sie で始めるのがいいかもしれません。

ボキャブラリー

der Vorname （姓に対して）名
die Nationalität　国籍
die Telefonnummer　電話番号
der Familienstand　配偶状況（既婚・未婚・離別など）
verlobt　婚約している
das Geburtsdatum / *der* Geburtstag　誕生日

der Nachname　姓
der Wohnort　住んでいる所
das Alter　年齢

das Studienfach　専攻

Bildwörterbuch

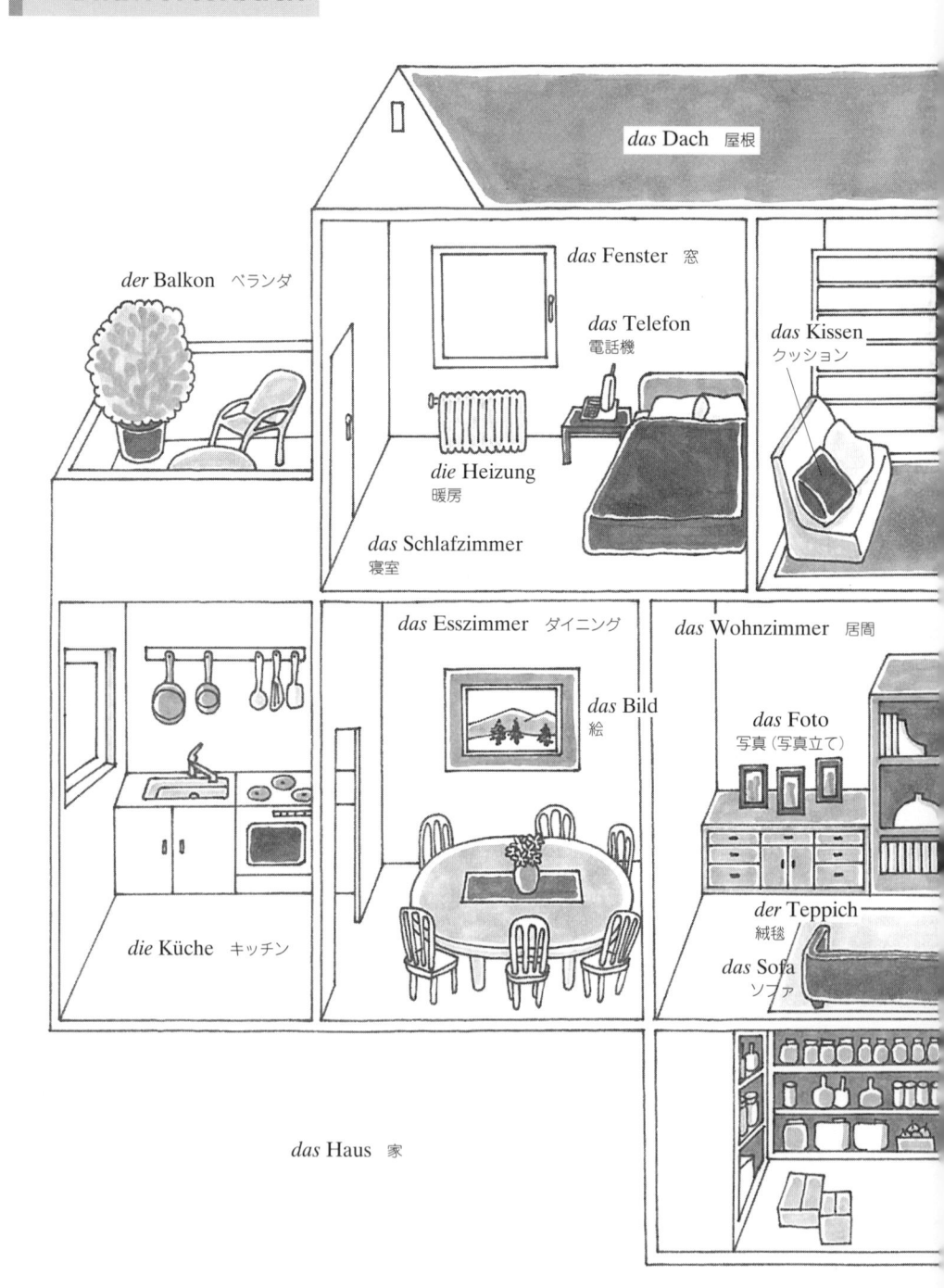

das Dach 屋根

das Fenster 窓

der Balkon ベランダ

das Telefon 電話機

das Kissen クッション

die Heizung 暖房

das Schlafzimmer 寝室

das Esszimmer ダイニング

das Wohnzimmer 居間

das Bild 絵

das Foto 写真（写真立て）

die Küche キッチン

der Teppich 絨毯

das Sofa ソファ

das Haus 家

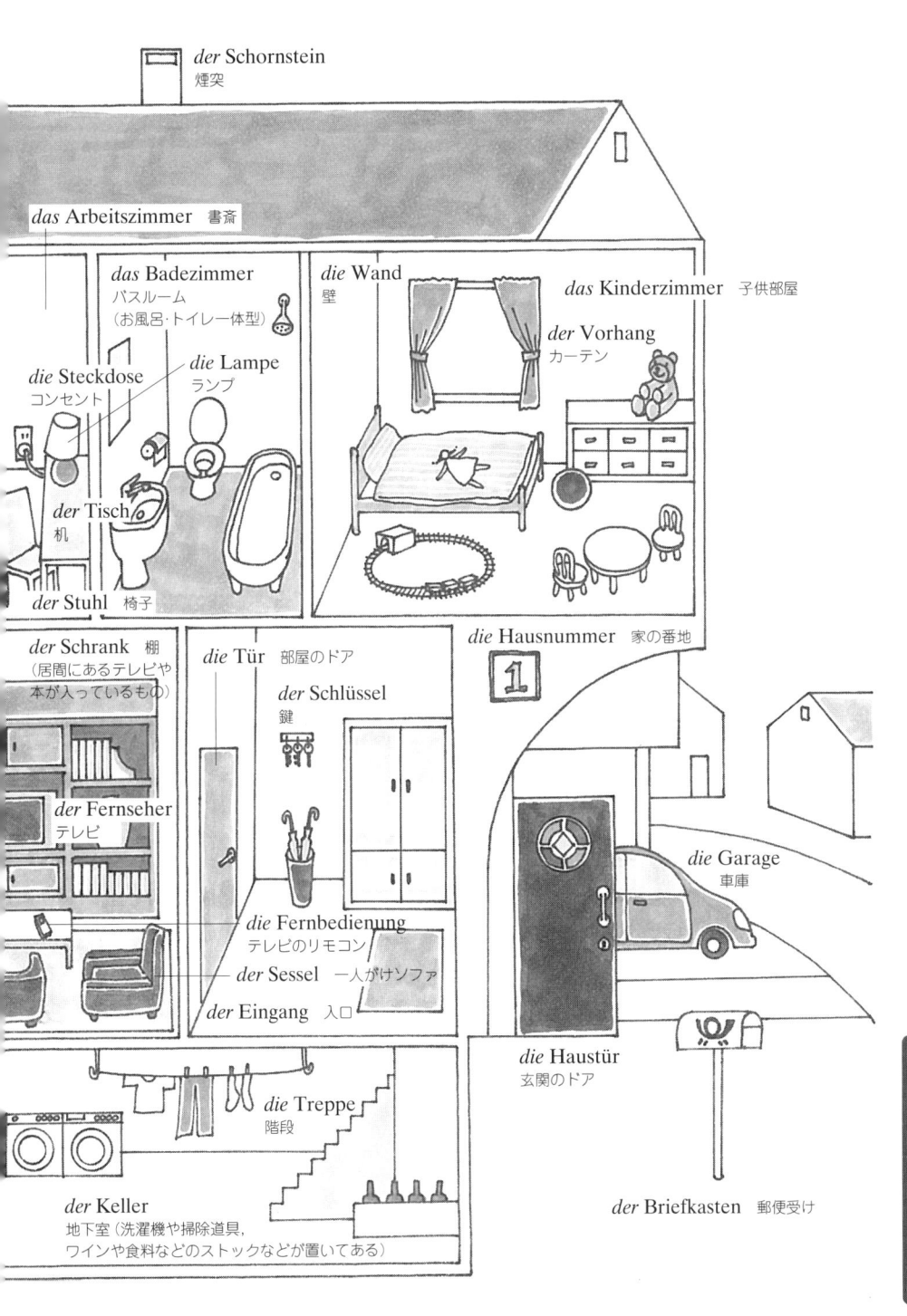

der Schornstein 煙突

das Arbeitszimmer 書斎

das Badezimmer バスルーム（お風呂・トイレ一体型）

die Wand 壁

das Kinderzimmer 子供部屋

der Vorhang カーテン

die Steckdose コンセント

die Lampe ランプ

der Tisch 机

der Stuhl 椅子

die Hausnummer 家の番地

der Schrank 棚（居間にあるテレビや本が入っているもの）

die Tür 部屋のドア

der Schlüssel 鍵

der Fernseher テレビ

die Garage 車庫

die Fernbedienung テレビのリモコン

der Sessel 一人がけソファ

der Eingang 入口

die Haustür 玄関のドア

die Treppe 階段

der Briefkasten 郵便受け

der Keller 地下室（洗濯機や掃除道具、ワインや食料などのストックなどが置いてある）

Leute treffen 人と会う

Grammatik

過去形

過去の事柄を表現するとき，ドイツ語の口語では現在完了形が用いられることが多いのですが，sein, haben および話法の助動詞では主に過去形が用いられます。

過去形は過去基本形に語尾をつけて作ります。過去人称変化は1人称単数 ich と3人称単数 er / sie / es では語尾をつけず，それ以外は現在人称変化と基本的に同じです。

	sein	haben	können	müssen	wollen
過去基本形	war	hatte	konnte	musste	wollte
ich	war	hatte	konnte	musste	wollte
du	warst	hattest	konntest	musstest	wolltest
er / sie / es	war	hatte	konnte	musste	wollte
wir	waren	hatten	konnten	mussten	wollten
ihr	wart	hattet	konntet	musstet	wolltet
sie	waren	hatten	konnten	mussten	wollten
Sie	waren	hatten	konnten	mussten	wollten

Ich war vor zwei Jahren schon einmal in Hamburg.
私は2年前にハンブルクにいたことがあります。

現在完了形

現在完了形は助動詞 sein / haben と過去分詞を組み合わせて作ります。
sein / haben は主語に合わせて人称変化させ，過去分詞は文末に置きます。

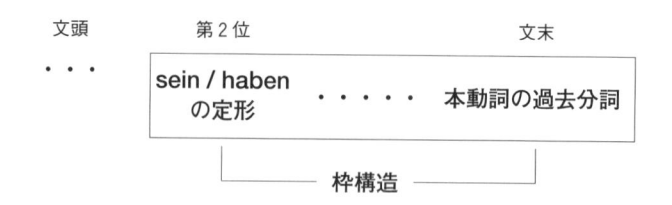

文頭	第2位		文末
･･･	**sein / haben の定形**	･････	**本動詞の過去分詞**

枠構造

Ich habe einen Sprachkurs gemacht.　私は語学コースを受講しました。
Ich bin um 9.00 Uhr eingeschlafen.　私は9時に眠りにつきました。

☆ sein 支配の動詞は次の3種類です。
・場所の移動を表す自動詞：kommen, gehen, fahren など
・状態の変化を表す自動詞：werden（〜になる）, sterben（死ぬ）, einschlafen（寝入る）など
・その他：sein, bleiben（とどまる）, begegnen（出会う）など

付録

基数詞（Die Grundzahlen）

0	null	10	zehn	20	zwanzig
1	eins	11	elf	21	einundzwanzig
2	zwei	12	zwölf	22	zweiundzwanzig
3	drei	13	dreizehn	23	dreiundzwanzig
4	vier	14	vierzehn	24	vierundzwanzig
5	fünf	15	fünfzehn	25	fünfundzwanzig
6	sechs	16	sechzehn	26	sechsundzwanzig
7	sieben	17	siebzehn	27	siebenundzwanzig
8	acht	18	achtzehn	28	achtundzwanzig
9	neun	19	neunzehn	29	neunundzwanzig

30	dreißig	100	[ein]hundert
40	vierzig	101	hunderteins
50	fünfzig	1 000	tausend
60	sechzig	10 000	zehntausend
70	siebzig	100 000	hunderttausend
80	achtzig	1000 000	eine Million
90	neunzig		

年号（Die Jahreszahlen）

1945年	neunzehnhundertfünfundvierzig
2008年	zweitausendacht

時刻 (Die Uhrzeit)

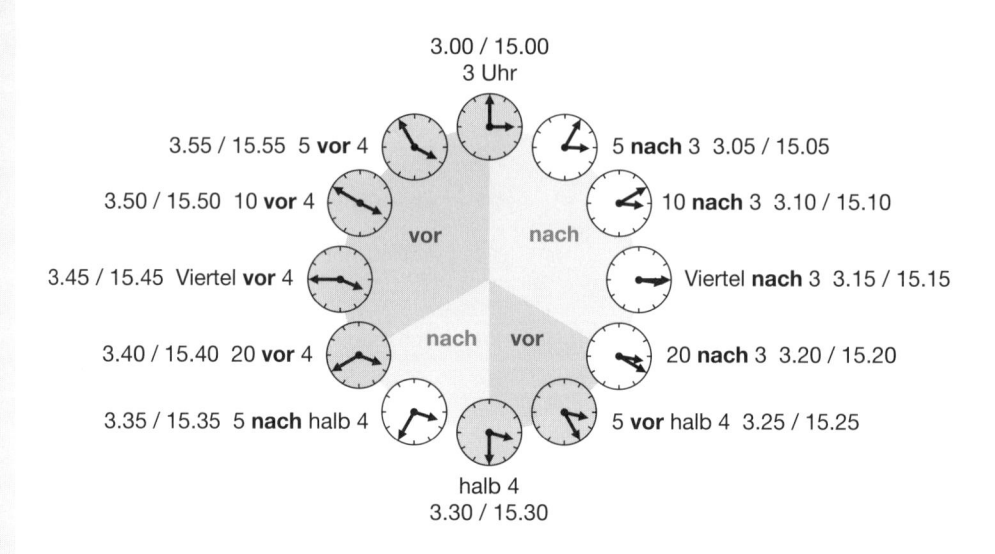

3.00 / 15.00
3 Uhr

3.55 / 15.55 5 **vor** 4
3.50 / 15.50 10 **vor** 4
3.45 / 15.45 Viertel **vor** 4
3.40 / 15.40 20 **vor** 4
3.35 / 15.35 5 **nach** halb 4

5 **nach** 3 3.05 / 15.05
10 **nach** 3 3.10 / 15.10
Viertel **nach** 3 3.15 / 15.15
20 **nach** 3 3.20 / 15.20
5 **vor** halb 4 3.25 / 15.25

vor **nach**
nach **vor**

halb 4
3.30 / 15.30

offziell（公式）		inoffiziell（非公式）
drei Uhr	3時	drei
drei Uhr fünfzehn	3時15分	Viertel nach drei
drei Uhr dreißig	3時30分	halb vier
fünfzehn Uhr	15時	drei

Wie spät ist es?　何時ですか？
Wie viel Uhr ist es?
　― Es ist 18 Uhr.　18時です。

Wann / Um wie viel Uhr fängt das Konzert an?
　　　　　　　何時にコンサートは始まりますか？
　― Um 19 Uhr.　19時です。

Wie lange dauert das Konzert?　コンサートはどのくらいかかりますか？
　― Von 19 Uhr bis 21 Uhr.　19時から21時までです。

序数 (Die Ordinalzahlen)

- erst- 1番目の
- zweit- 2番目の
- dritt- 3番目の
- viert- 4番目の
- fünft- 5番目の
- sechst- 6番目の
- siebt- 7番目の
- acht- 8番目の
- neunt- 9番目の
- zehnt- 10番目の
- zwanzigst- 20番目の
- dreißigst- 30番目の
- vierzigst- 40番目の

ganz
全部

die Hälfte / halb
半分

ein Drittel
3分の1

ein Viertel
4分の1

月 (Die Monate (*pl.*)) すべて男性名詞

| 1 Januar | 2 Februar | 3 März | 4 April | 5 Mai | 6 Juni |
| 7 Juli | 8 August | 9 September | 10 Oktober | 11 November | 12 Dezember |

曜日 (Die Wochentage (*pl.*)) すべて男性名詞

Montag　Dienstag　Mittwoch　Donnerstag
Freitag　Samstag　Sonntag

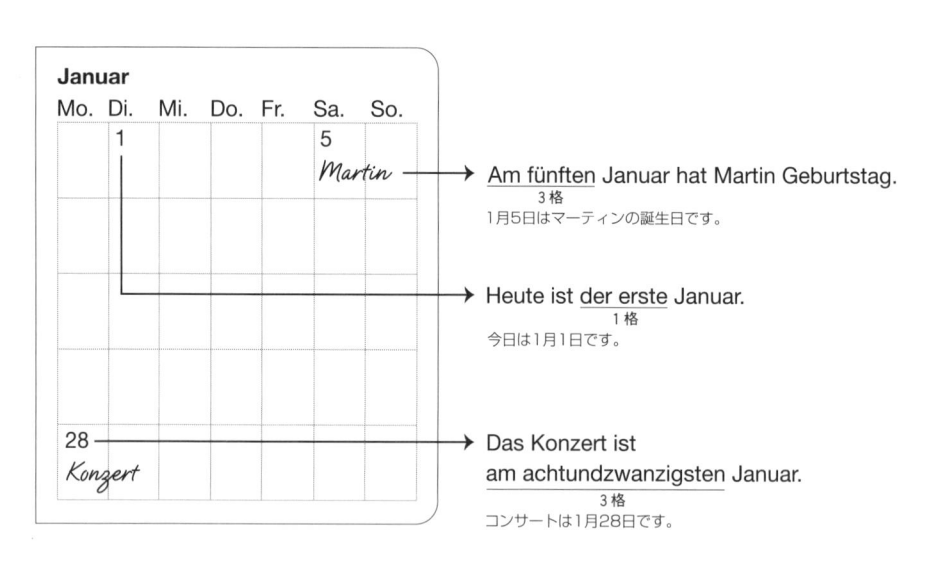

Januar

Mo.	Di.	Mi.	Do.	Fr.	Sa.	So.
	1				5 Martin	
28 Konzert						

→ <u>Am fünften</u> Januar hat Martin Geburtstag.
　　　3格
1月5日はマーティンの誕生日です。

→ Heute ist <u>der erste</u> Januar.
　　　　　　1格
今日は1月1日です。

→ Das Konzert ist
　am <u>achtundzwanzigsten</u> Januar.
　　　　3格
コンサートは1月28日です。

季節 (Die Jahreszeiten)

◆ der Winter

ドイツの冬は非常に寒く，どんよりとして灰色の空模様です。北ではあまり雪は降らず，雨の日が多いです。南ではよく雪が降ります。朝のうち，道路は凍ってしまうことが多く，昼になって日が射しても，氷は溶けないこともあります。

Es ist kalt.	寒い。
Es schneit. / Wir haben Schnee.	雪が降る。
Es sind minus 5 Grad.	マイナス5℃だ。
Es friert.	凍える / 寒い。
Auf der Straße ist Glatteis.	路面が凍っている。
Es hagelt.	ひょうが降る。

◆ der Frühling

長い冬が終わり，春が来ることをドイツ人は心待ちにしています。春の訪れを祝うお祭りがOstern（イースター）です。ただし，Der April macht, was er will. という表現があるように，春の天気は非常に気まぐれで，晴れの日があるかと思えば，次の日はどしゃぶりの雨だったり，天気は定まりません。イースターもマフラーが必要なほど寒い年もあれば，Tシャツ1枚で過ごせるほど暖かな年もあります。

Es ist warm.	暖かい。
Es ist sonnig.	晴れている。
Wir haben schönes Wetter.	よい天気です。
Es regnet manchmal.	時々雨が降ります。
Es ist wolkig.	曇っている。

◆ der Sommer

　ドイツの夏はそれほど暑くはなりません。北では風もあり，南よりもさらに涼しい夏です。朝晩の気温差は大きく，夕方になって涼しくなると雷が鳴ることもあります。雨が降ると気温は一気に下がり，厚手のコートが必要なときもあります。ただ，ここ数年の異常気象でドイツでも35度を超える日がしばしば。エアコン装備の車は少なく，ましてや一般の家庭にエアコンはまずないので暑さをしのぐのが大変です。

Es ist heiß.	暑い。
Es sind über 30 Grad.	30℃を超えている。
Die Sonne scheint.	太陽が照っている。
Es gibt ein Gewitter.	雷雨だ。
Es blitzt und donnert.	稲光と雷鳴がする。
Es gibt einen Regenschauer.	夕立が降る。

◆ der Herbst

　秋は雨や嵐が多く，湿った（nass）印象です。秋は実りの季節であり，ワイン畑の紅葉はすばらしい眺めです。人々は紅葉を楽しみながら散歩をします。各地で今年のワインを飲むお祭りが開かれ，ミュンヒェンのビール祭りには世界中から人が集まります。

Es ist kühl.	涼しい。
Es ist windig. / Der Wind ist stark.	風が強い。
Es ist neblig.	霧が出る。
Es regnet viel.	雨がたくさん降る。
Es ist bewölkt.	曇っている。
Es ist bedeckt.	雲で覆われている（雲が垂れこめている）。

身体の部位（Die Körperteile）

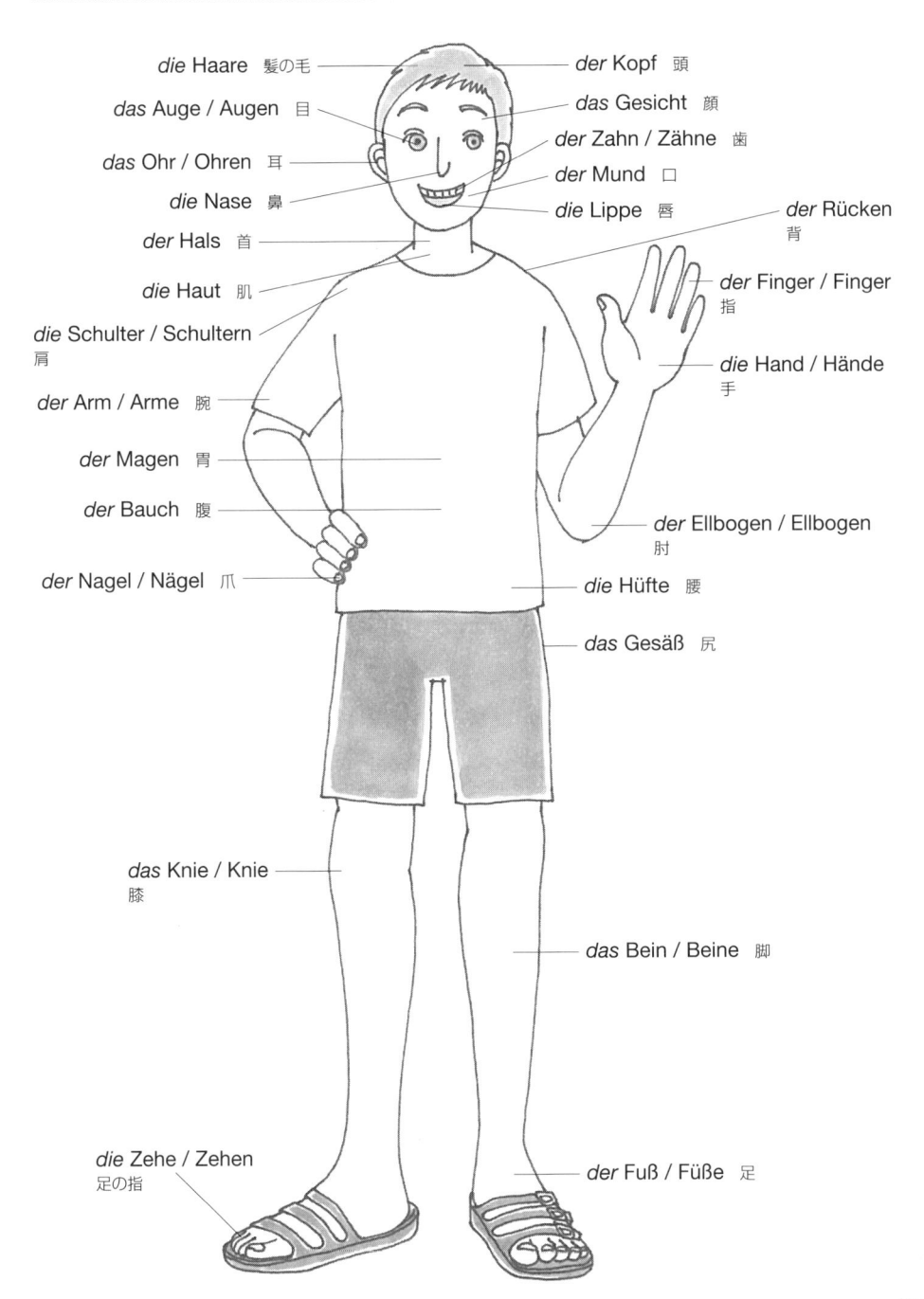

- *die* Haare 髪の毛
- *das* Auge / Augen 目
- *das* Ohr / Ohren 耳
- *die* Nase 鼻
- *der* Hals 首
- *die* Haut 肌
- *die* Schulter / Schultern 肩
- *der* Arm / Arme 腕
- *der* Magen 胃
- *der* Bauch 腹
- *der* Nagel / Nägel 爪
- *der* Kopf 頭
- *das* Gesicht 顔
- *der* Zahn / Zähne 歯
- *der* Mund 口
- *die* Lippe 唇
- *der* Rücken 背
- *der* Finger / Finger 指
- *die* Hand / Hände 手
- *der* Ellbogen / Ellbogen 肘
- *die* Hüfte 腰
- *das* Gesäß 尻
- *das* Knie / Knie 膝
- *das* Bein / Beine 脚
- *die* Zehe / Zehen 足の指
- *der* Fuß / Füße 足

形容詞・副詞

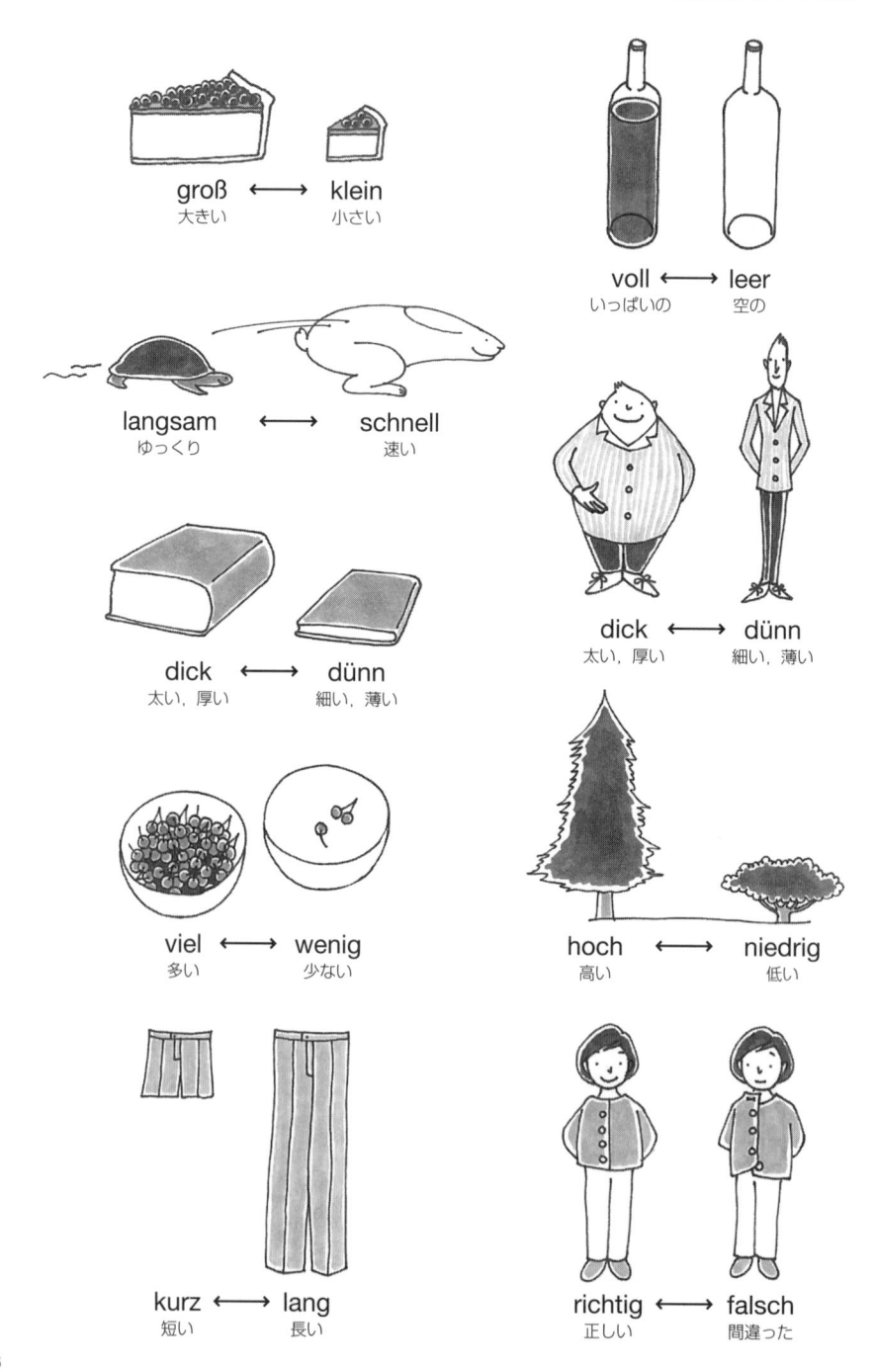

groß ⟷ klein
大きい　小さい

voll ⟷ leer
いっぱいの　空の

langsam ⟷ schnell
ゆっくり　速い

dick ⟷ dünn
太い, 厚い　細い, 薄い

dick ⟷ dünn
太い, 厚い　細い, 薄い

viel ⟷ wenig
多い　少ない

hoch ⟷ niedrig
高い　低い

kurz ⟷ lang
短い　長い

richtig ⟷ falsch
正しい　間違った

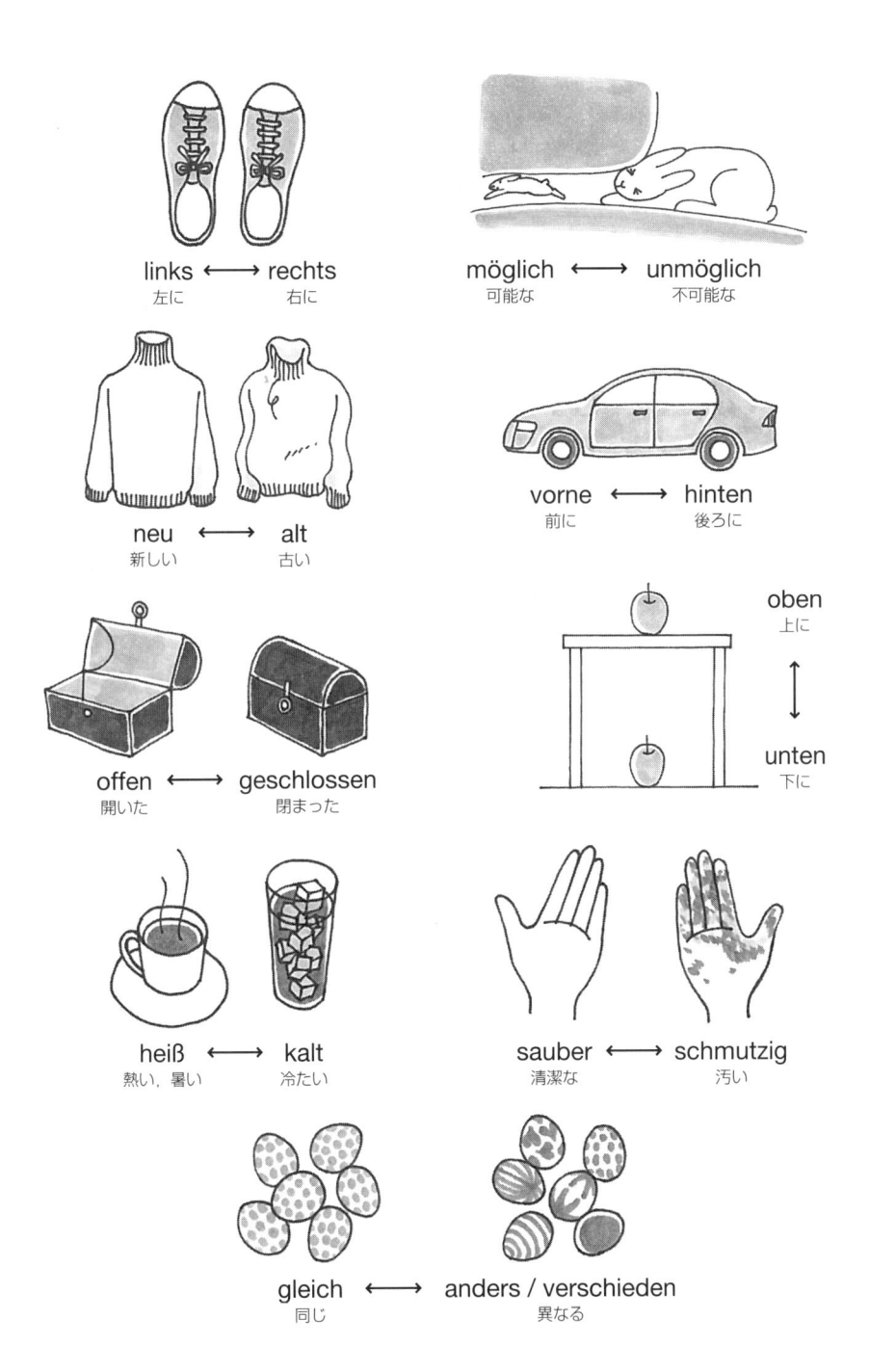

links ⟷ rechts
左に　　　右に

möglich ⟷ unmöglich
可能な　　　不可能な

neu ⟷ alt
新しい　　古い

vorne ⟷ hinten
前に　　　後ろに

offen ⟷ geschlossen
開いた　　　閉まった

oben
上に
⟷
unten
下に

heiß ⟷ kalt
熱い，暑い　冷たい

sauber ⟷ schmutzig
清潔な　　　汚い

gleich ⟷ anders / verschieden
同じ　　　　異なる

著者
三宅恭子（みやけ きょうこ）
　名古屋大学大学院国際開発研究科博士後期課程修了。専門は言語心理学。名古屋大学、名古屋外国語大学など複数の大学およびNHK文化センターで幅広い層にドイツ語を教えるとともに、Michaela Kochと組んでドイツ語の教科書を執筆。学術博士。

Michaela Koch（ミヒャエラ・コッホ）
　ハンブルク大学にて日本語および日本学を学ぶ。1995年来日。名古屋大学国際開発研究科博士前期課程修了。専門は社会言語学。三重大学で3年間外国人教師をした後、現在は三重大学、中京大学など複数の大学でドイツ語を教えている。

ドイツ語スピーキング

2008年8月20日　第1刷発行
2019年7月20日　第8刷発行

著　者 ── 三宅恭子
　　　　　 ミヒャエラ・コッホ

発行者 ── 前田俊秀

発行所 ── 株式会社 三修社
　　　　　〒150-0001　東京都渋谷区神宮前2-2-22
　　　　　TEL　03-3405-4511
　　　　　FAX　03-3405-4522
　　　　　振替　00190-9-72758
　　　　　http://www.sanshusha.co.jp
　　　　　編集担当　菊池　暁

印刷製本 ── 日経印刷株式会社
CD製作 ── 高速録音株式会社

©Kyoko Miyake, Michaela Koch 2008 Printed in Japan
ISBN978-4-384-05497-2 C1084

カバーデザイン ── 土橋公政
本文イラスト ── 木村　恵
本文組版 ── クゥール・エ

JCOPY〈出版者著作権管理機構 委託出版物〉
本書の無断複製は著作権法上での例外を除き禁じられています。複製される場合は、そのつど事前に、出版者著作権管理機構（電話 03-5244-5088 FAX 03-5244-5089 e-mail: info@jcopy.or.jp）の許諾を得てください。